한국교회 신뢰회복 프로젝트

한국교회 목회자 은퇴 매뉴얼

곽은진
김상덕
신동식
장희종
정병오
조성돈
최현범

도서출판 기실른

초판 1쇄 인쇄 2023년 11월 17일
초판 1쇄 발행 2023년 11월 17일

지은이 곽은진 김상덕 신동식 장희종 정병오 조성돈 최현범
펴낸이 백종국
편 집 이명진
디자인 윤동혁 이명진

펴낸곳 도서출판 기윤실
주 소 (04382) 서울시 동대문구 안암로6길 19, 202호
홈페이지 www.cemk.org 전화 02-794-6200 메일 cemk@hanmail.net

 본서는 창조세계를 돌보는 마음으로 재생종이에 인쇄했습니다.

기실른 기독교윤리실천운동은

민주화에 대한 열기가 절정을 이루던 1987년, 김인수, 손봉호, 이만열, 이장규, 원호택, 장기려, 강영안 등 함께 성경공부를 하던 기독인들이 뜻을 모아 시작한 기독시민운동입니다. 하나님의 말씀인 성경과 정통적 기독교신앙을 기본이념으로, **복음에 합당한 윤리적 삶**을 살아가는 정직한 그리스도인, 신뢰받는 교회가 되도록 섬기며, 정의롭고 평화로운 사회를 만드는 것을 사명으로 삼고 있습니다.

기윤실은 '정직, 책임, 정의'를 핵심 가치로 하여 <자발적불편운동>, <교회신뢰운동>, <좋은사회운동>, <청년운동>, <청년센터WAY>, <좋은나무 웹진> 등 다양한 운동을 전개하고 있습니다.

www.cemk.org

목 차

Ⅰ. 서문

/ 정병오
기윤실 공동대표, 서울시교육청 오디세이학교 교사

　기윤실은 그동안 한국 교회가 대사회적 신뢰를 회복하지 않고는 급속한 쇠락을 막을 수 없다는 판단하에 한국 교회의 잘못된 부분을 드러내고 문제점을 지적하며 대안을 제시하는 일을 해왔습니다. 대형교회의 목회직 세습 문제, 목회자를 비롯한 교회 내 성범죄 문제, 교회 재정의 투명성과 건전성 확보 문제, 교회가 복음보다 정파와 이념을 더 중시하고 경도되는 현상 등에 대해 집중적으로 목소리를 내왔습니다.

　그런데 최근 새로운 문제를 주목하게 되었는데 바로 소형교회와 미자립교회 목회자 은퇴와 관련된 문제입니다. 소형교회나 미자립교회 목회자가 은퇴할 시점이 되었는데, 은퇴 이후의 생활비와 관련해서 교회도 목회자 자신도 전혀 준비가 되어 있지 않은 경우가 많다는 것입니다. 그러다 보니 은퇴 목회자의 생활비를 후임 목회자에게 부담시키거나 교회 문을 닫고 교회 자산을 처분하여 생활비를 충당하는 교회들이 생기기 시작했습니다.

이전에는 목회자 은퇴 이후의 생활비와 관련해서 문제가 크게 부각되지 않았습니다. 목회자의 은퇴 시기와 평균 수명이 거의 일치했고 교회가 계속 성장하고 있었기 때문입니다. 그런데 고령화 사회가 되고 교인 수 감소가 급속히 진행되면서 준비되지 않은 은퇴 문제가 교회와 목회자에게 재앙이 되기 시작했습니다. 더군다나 베이비붐 세대 목회자들의 은퇴 시기가 다가오기 때문에 앞으로 10년 내에 이 문제가 한국 교회의 뇌관이 될 수 있다는 우려가 나오고 있습니다.

이에 기윤실에서는 2022년 목회자 은퇴와 관련하여 발생하고 있는 여러 문제에 대해 실태 조사를 하고 이 문제를 해결하기 위한 방안을 제시한 바 있습니다. 이렇게 목회자 은퇴와 관련하여 물밑에서만 진행되던 문제를 공론화하자 이와 관련한 고민을 하고 있던 교회와 목회자들 가운데 자신들이 가지고 있는 고민들을 좀 더 구체적으로 꺼내놓기 시작했습니다. 그리고 노회들 가운데도 개별적으로 하고 있던 논의를 공식적으로 꺼내놓고 머리를 맞대기 시작했습니다.

이렇게 목회자 은퇴 관련 논의가 시작되면서 목회자 은퇴 문제를 은퇴가 임박해서 생각하면 너무 늦고 목회 초기부터 차근차근 준비할 수 있도록 하는 구체적인 안내가 필요하다는 요구가 제기되었습니다. 그래서 목회자와 교회, 노회 차원에서 각 분야별로 은퇴를 준비할 수 있도록 안내하는 목회자 은퇴 매뉴얼을 제작하게 되었습니다.

2022년에 발표한 "한국교회 목회자 은퇴 시스템을 생각한다" 포럼은 주로 은퇴 목회자의 경제적인 부분을 중심으로 다루었다면, <목회자 은퇴 매뉴얼>은 은퇴 목회자의 생활비와 주거 문제 외에도 신앙 유지와 교회 공동체 소속 문제, 정신 건강의 문제까지 포함해서 은퇴 목회자의 총체적인 삶의 문제를 다루었습니다. 그리고 이러한 건강하고 아름다운 은퇴 준비를 위해 목회자 개인과 소속 교회, 그리고 노회가 감당해야 할 부분까지 구체적으로 제시를 했습니다.

<한국교회 목회자 은퇴 매뉴얼>이 목회자 은퇴 관련해서 제기된 문제들에 성실하게 답을 제시하려고 노력했고, 또 지금까지 여러 모양으로 노력해 온 좋은 사례들을 참고로 하여 표준을 만들려고 노력했습니다만 부족한 부분도 많이 있습니다. 개별 목회자와 교회가 처한 상황이 다르고, 또 한국 교회 내 이를 지원할 수 있는 인프라가 부족하기 때문입니다. 그래서 <한국교회 목회자 은퇴 매뉴얼>을

기본 지침으로 삼되 개별 목회자나 교회 상황에 맞게 적용하고 응용하여 보다 좋은 사례들이 많이 나오길 기대하고 있습니다. 그리고 노회나 총회 차원에서 이를 지원할 수 있는 시스템이 만들어지길 기대합니다.

지난 2022년 "한국교회 목회자 은퇴 시스템을 생각한다" 포럼 준비 과정에서 연구로 참여해 주신 분들, 그리고 <한국교회 목회자 은퇴 매뉴얼> 제작 과정에서 기획과 집필에 참여해 주신 모든 분의 수고에 감사드립니다. 부족하지만 이 책이 한국 교회가 목회자 은퇴와 관련한 여러 어려운 문제를 지혜롭게 잘 해결해 나가는 데 조금이나마 도움이 되길 간절히 바랍니다.

2023년 11월 1일
정병오

Ⅱ-1. 한국교회 목회자 은퇴 매뉴얼
"신앙과 심리"

은퇴 목회자와 심리상담

기윤실 청년상담센터 WITH 공동소장, 아신대학교 상담학 교수

들어가면서

고령화와 함께 베이비붐 세대의 은퇴가 시작되면서 은퇴는 중요
한 사회적 문제가 되었다. 목회자 은퇴 역시 이 흐름에서 예외는
아니다. 준비되지 않는 은퇴가 대부분의 노년기 삶을 힘들게 하듯
목회자 그룹의 은퇴 역시 이와 다르지 않다. 특히 교회라는 종교
공동체의 특수성과 사회 및 개인의 현실적 인식 차의 문제 등으로
양극적 태도가 어느 조직의 은퇴 양상보다 심각하다고 볼 수 있다.

나는 기윤실로부터 '은퇴 목회자의 심리적 돌봄의 필요성'을 주제
로 글을 의뢰받아 준비하면서 은퇴 목회자의 어려움이 주로 경제적
측면에서 다뤄지고 있고, 실제 몇몇 현직 목사님들과의 대화를 통해
경제적 생활고는 표면적으로 드러나고 있는 것보다 더 심각한 상황

임을 알았다. 동시에 현실적 경제 부분도 안정적 체계를 갖추지 못한 시점에서 정서 심리적 돌봄의 강조나 필요성이 얼마나 호소력을 지닐 수 있겠느냐는 의구심도 잠시 했다. 흔히 정서적 지원은 배고픔이 해결된 이후의 영역으로 여기는 경향이 있고 한국 교회 내 정서 심리적 측면은 대체로 간과됐던 영역이기 때문이다. 그러나 인간의 물질적 충족이 반드시 심리적 안정에 필수적이거나 선행되어야한다는 인과론적인 사항은 아니기에 은퇴 목회자의 정서 심리적 돌봄의 필요성이 은퇴 문제와 함께 다뤄져야 하는 데 중요한 의미가있다고 보았다.

이 글의 목적은 은퇴 목회자의 정서적 돌봄의 필요성과 대책 마련에 대한 의식을 불러일으키는 데 있다. 이와 관련하여 세 명의 은퇴 목회자의 사례를 중심으로 이분들의 은퇴 준비, 은퇴 이후의 심리적 상태와 관리, 은퇴 후 심리적 지원을 위한 은퇴 목회자의 역할 전환을 위한 개입 전략 등을 제안하고자 한다. 이 글은 심리적 관점에 기초하며, 이론적 측면과 함께 사례를 중심으로 개인적 관점에서 기술되었다. 구성은 목회자 그룹의 특징과 함께 은퇴에 대한 간단한 개념, 현실적 목회자의 정서적 어려움을 다룬 사례 기술, 은퇴 목회자의 정서적 돌봄의 필요성, 그리고 심리적 관점에 기초한 전략적 제안으로 구성되었다.

1. 목회, 목회자, 그리고 은퇴

목회 사역은 높은 수준의 내적 통제를 요구한다.[1] 목회자는 사회에서 통념적으로 성공 요인이라 할 수 있는 성실성, 통제력, 인내, 열정, 전문성 등에 초월적으로 높은 이상적 기대와 수준을 자신에게 요구한다. 목회자 스스로 다양한 계층의 성도들을 대상으로 이루어지는 사역의 완벽성을 추구하고, 주어진 모든 역할을 감당해 내야 한다는 당위적 사고에 익숙하다. 신학대학에 입학한 20대 초반의 어린 시절부터 자신의 정체성이나 자기 이해를 경험하기도 전에 이미 목회자로서 부여된 정체성에 길들여지고 이 모습을 자신과 동일시하게 된다. 하나님에 대한 절대적 신앙과 말씀을 가르치고 설교하면서 자신에게도 이를 적용하는 과정에서 오는 강박적이고 완벽주의적인 억압의 감정과 이성의 통제는 심리적으로 일이나 관계 중독자가 보이는 모습과 유사한 특징을 지닌 채 살아가기도 한다. 이것이 목회 기간에는 모범적인 신앙의 증거로 또는 이상적 목회자의 모습으로 비친다. 실제 이러한 내적 강박 시스템은 실패나 시행착오가 적은 사역을 위해 유익한 역할을 감당한다. 다른 한편으로는 외부적 환경 통제력도 높아야 하는 상황에 놓여 있기도 하다. 영혼 구원과 돌봄이라는 사역을 위해 자신뿐만 아니라 가족 돌봄을 희생하더라도 오직 하나님의 나라와 성도를 위해 외부의 타자 중심적 삶과 역할이 목회자가 갖는 중요한 태도이자 신념이다.

---

1) 아치발트 하트, 「우울증이 목회 사역에 미치는 임상적 연구」, 차호원 역, (서울: 신망애 출판사, 1994), 20-23.

베이비부머 세대의 은퇴 목회자의 특징

한국 교회 부흥의 시기에는 목회자가 자신에게 엄격하고 높은 기준과 규율을 요구했듯이 성도들에게도 같은 기준을 제시하고 적용하는 신앙관을 가르쳤다. 이것은 시대적으로도 산업화와 맞물려 잘 기능했던 시기이기도 하다. 지금 은퇴의 주를 이루는 베이비부머 세대의 목회는 이러한 경제적 성장을 배경으로 복 있는 사람은 물질적 풍요와 건강, 자녀의 출세 등 복 개념이 신앙과 연결되면서 신앙이 있는 사람은 병도, 가난도, 고난도 없거나 있으면 죄와 바로 연결되어 신앙이 부족한 사람으로 낙인되는 어려움을 가졌던 세대이기도 하다. 공감과 감성보다는 이성과 통제, 규범, 역할, 의지, 책임, 도전, 성취 등 전도와 부흥의 결과 중심적 목표를 향해 목회자와 성도가 열정적 헌신, 봉사, 그리고 열심으로 섬기고 섬겼던 시기였다. 개인보다는 공동체가 우선이며 공동체의 성장과 발전을 위해 기꺼이 개인이 희생하고 섬기는 선택에 주저함이 없었다. 이 시기에는 목회자의 헌신과 성도의 헌신이 결코 분리되지 않았고 모두가 한 마음 한 뜻으로 하나님 나라의 확장을 위해 애쓰고 최선을 다했음을 누구도 부인하지 않는다. 이러한 모습의 기저에는 신앙은 불가능을 가능으로 만드는 것으로 이것이 신앙의 기준이 되었고 목회자는 하나님을 향한 초월적 신앙의 도구로서 이 역할을 감당하기 위해 그 자신들을 더욱 완벽하게 기능하도록 해야 하는 무거운 짐을 졌다.

은퇴 목회자들이 보이는 주요 특징을 보면, 부흥이라는 부담과 책임감으로 강박과 완벽을 추구하고 내면의 불안과 염려를 차단하며, 오직 성도들과 교회의 성장을 위해 모든 것을 쏟았음을 볼 수 있다. 부흥이 성공한 목회로 보이는 이 과정에서 주도적이고 도전적인 성향이 발달하고, 뒤돌아보거나 반추하는 시간에 교회 부흥과 성장을 위한 도전에 더 많은 시간을 쏟았음을 알 수 있다. 예수님도 사람들을 만나고 나면 혼자 계시는 시간을 사용하였지만, 이 시기의 목회자들은 잠시도 자신에게 이러한 시간을 할애하지 않았고 오히려 자신을 돌보는 시간이 생기면 자책이나 죄책감 혹은 무기력을 경험하면서 다시 사역의 현장으로 돌아갔을 것이다. 이 과정에서 가정을 돌보기는 쉽지 않았고 자식보다 성도들에게 더 많은 시간을 쏟으면서 가족과 자녀와의 관계는 은퇴 이후 힘든 영역이 되었다. 이는 사례 목회자에게도 동일하게 나타나고 있다. 또 한편으로 지금의 은퇴 문제가 이슈화되기 전까지는 은퇴라는 개념과 상황 자체가 보편적 적용과 경험의 현실에 토대하고 있지만 목회자의 경우는 종교와의 경계와 이에 따른 현실적 대안의 접촉점이 부재했기 때문이기도 하다.

이러한 목회 환경은 성공과 부흥을 이루었지만, 모든 결과에는 빛과 그림자의 양면성이 존재하듯 대형교회, 소형 교회, 한편으로 50명 미만의 미자립 교회가 대부분인 교회 역시 빈익빈 부익부의 분리된 모습을 낳았고, 은퇴의 시점에 목회자는 양가적인 이분법적 사고, 신앙과 관련된 이상과 현실의 괴리, 열심과 주도적 성취의 고착화, 부흥기 세대의 이상적 신앙과 믿음의 추구, 절대성과 현실성의 불균형, 사역에 대한 절대적 기준이나 높은 거룩성의 추구로 왜곡된 현실적 견해나 역할 부여, 정서적 어려움(우울증) 증가, 시대 변화에 대한 낮은 인식, 목회자의 독단적 태도나 사고의 경직성, 정서적 공감력의 부족 등의 영향으로 은퇴 후 심리적 어려움을 경험하고 있음을 볼 수 있다.

은퇴와 목회자

은퇴는 산업화로 인한 노동력의 효율성과 경제적 문제를 해결하기 위해 나온 제도였다. 시대가 발전하고 고령화가 일어나면서 은퇴의 문제는 단순한 경제력의 한계나 부족으로 인한 결핍의 영역만을 포함하지 않는다. 종종 은퇴와 관련되어 언급되는 은퇴 증후군이라는 증상은 고령화가 시작되면서 은퇴로 인해 겪는 대인관계나 사회 구성원으로서 역할 변화로 인해 생기는 우울증이다. 이 자체가 하나의 사회적 어려움으로 드러나고 있음을 볼 때, 은퇴가 단순한 경제적 문제만을 포함하고 있다고 볼 수는 없다. 고령화 시대의 은퇴는 자신이 몸담은 직업에서 물러나 쉼을 얻는 진정한 의미의 일의 보상이 아닌 건강의 문제와 함께 경제력과 힘든 사투를 벌여야 하는 두려운 삶으로 전환이 되었다. 이러한 시대적 흐름에서 평생을 성도들과 함께 주도적 주체로서, 사역을 하나님의 부르심과 연결하여 성직의 개념으로 살아온 목회자의 은퇴는 단순한 일로부터의 자유나 물러남이 아니다. 목회자가 직면한 은퇴는 사실상 현실의 부재와 맞닿는 것 이상의 충격적이고 혼란스러운 경험이다. 일반 은퇴자가 겪는 경험과는 다른 하나님과의 초월적 영역이 존재하고, 자신의 모든 것을 헌신하면서 사역에 대한 하나님의 개입이 있었듯 은퇴 준비 과정에서부터 이후의 삶 또한 믿음의 경험으로 기대하지만 직면한 현실은 이와 너무 다른 괴리가 존재한다. 이 충격을 감당하지 못할 때 은퇴를 앞둔 목회자의 자살과 같은 극단적 소식도 들을 수 있는 것이다.

2. 은퇴 목회자 사례를 중심으로

본 내용은 세 분의 은퇴 목회자를 동일한 인터뷰 질문을 중심으로 면담과 질문지 답변[2]의 내용을 중심으로 정리되었다. 질문지는 필요하다고 판단되는 내용으로 직접 구성하였으며 다음은 답변에 준해서 정리한 내용이다.

---

2) 면담 인터뷰지는 발표자가 직접 작성하였으며, 사례 목사님 면담에 한 웅 목사님(대한 기독교 성결 교회 문화촌 교회 담임)의 도움으로 진행

■ 인적사항 및 특징

개인적 현 상황			
	사례 1	사례 2	사례 3
나이	71세	82세	72세
가족 형태	부부 동거	사별	부부, 자녀와 동거
건강 상태	이명과 정서적 영역 약 복용 중	파킨슨 약 복용	건강
거주 형태	주거 미해결로 사택 거주 하며 아직 교회와 협의 중	월세 임대 아파트	자가
월수입	50만원-100만원 미만	50만원-100만원 미만	200만원-300만원
주 수입원	국민 연금, 교단 연금	교단 연금, 저축금, 노인 연금	국민 연금, 교단 연금, 교회 지원
상담에 대한 인식	받아본 적은 없지만 고민은 해보았다.	받아본 적은 없지만 알고 있고 받을 생각은 없다.	은퇴 후 상담에 대해 알았고 장이 있다면 받아보고 싶다.

목회 관련 질문			
목회 기간	41년	18년	40년
교인 수	50명 이하	50명-100명 이하	300명 이상
목회 기간에 좋은 기억이나 일	선교, 신유, 건축, 봉사	교회 건축	군목 활동
후회나 아쉬운 점	원로 목사와의 관계	잘못된 장로 임직	조금 더 성실하지 못했던 것
다시 목회를 한다면	교파 소속 없이 독립 교단에서 자유롭게 하고 싶다.	가정에 충실	영성 깊은 목회
목회자로 가졌던 주요 생각들	목회자는 봉사해야 한다.	·교회가 우선 ·청빙되어야 함 ·가정보다 목회가 우선순위가 되는 것이 성공한 목회	·신실해야 한다 ·충성스러워야 한다 ·정직해야 한다 ·예수님 닮아야 한다.
자신의 목회를 한 줄로 표현하면	바보 목회였다.	나 자신을 위한 목회였다.	주님만 보며 걸어온 삶
목회기간 중 가족과의 관계	사역으로 바빠 제대로 돌보지 못했다.	사역으로 바빠서 돌봄이 부족했다.	사역으로 분주하여 돌보거나 친밀한 관계를 갖지 못했다.

■ 사례별 주요 특징

▪ 사례 1

사례 1은 은퇴하였지만, 아직 은퇴 과정에 정리되어야 할 부분들이 미해결 상태에 있는 목회자이다. 특히 주거 문제가 아직 교회와 협의가 이뤄지지 않은 상태로 사택에 머물고 있다. 이미 은퇴는 했지만, 아직 은퇴 절차로 갈등 과정 중에 있다고 보인다. 사례 1은 은퇴 준비 과정에 경험했거나 경험 중인 교회와의 관계로 현재 분통함이라는 단어를 사용할 만큼 정서적 분노와 억울함, 화 등으로 내적 어려움을 호소한다. 교회 건축과 관련하여 자신이 가지고 있던 전 재산을 헌납할 만큼 교회에 평생 충실히 봉사하였지만, 은퇴 과정에서 교회가 이에 대한 고려나 배려를 하지 못한 것으로 보인다. 목회로 가장 힘들었던 것을 원로 목사와의 관계로, 불안했던 대상역시 원로 장로나 시무 장로라고 할 만큼 교회 내 중직자들과의 관계의 어려움을 호소했다. 자신의 목회를 한 줄로 바보 목회라고 할 만큼 현재 자신에 대한 자책과 비난, 자기혐오, 분노와 무기력 등을 경험하고 있다. 참거나 잊으려고 한다는 표현으로 보아 억압으로 정서에 반응하였고, 현재 정서적 어려움을 동반한 이명 등의 신체적 증상을 호소하고 있는 것으로 보인다.

■ 사례 2

사례자 중 고령자로 현재 사별 후에 동거인과 함께 생활하고 있다. 연금 50만 원이 주 수입액이며 임대 아파트에서 사별한 아내가 저축한 적은 액수로 생활을 해결하고 있는 실정이다. 사례 2는 목회자로서 교회에서 예배드리지 못하는 것이 가슴 아프며, 목사라는 직함을 사용하지 못할 때 회의가 든다고 말한다. 우울증과 관련이 있는 것으로 보고된 파킨슨 지병으로 혼자 있는 시간을 힘들어하고 있다. 목회 기간 동안 가장 불안하고 힘들었던 것으로 교회 부흥을 꼽은 것으로 보아 교회 부흥에 대한 압박감과 부담감을 많이 경험한 것으로 보인다. 스트레스나 힘든 상황에서 다른 목회자처럼 기도나 말씀 위주로, 우울할 때는 기도를 했지만, 화가 날 때는 그대로 감정을 표출하여 정서 조절에 미숙한 반응을 하였던 것으로 보인다. 목회 기간에도 주로 외로움을 많이 경험했으며 현재도 만나는 특별한 대상이 없고 여전히 외로움을 많이 느낀다고 말한다. 더욱이 파킨슨 지병으로 인해 외부 생활이 더욱 어려워진 상태로 보이며 세 사례 중에 우울감 호소가 가장 높다.

■ 사례 3

사례 3은 대형교회 출신의 목회자이지만 흔히 보편적 대형 교회 수준의 예우를 받지 못한 경우이다. 은퇴 연금이나 월 교회 지원금이 50만 원 미만이다. 목회기간에 가장 힘들고 불안했던 것으로 재정과 건강의 문제를 언급했다. 사례 3의 경우는 목회 기간에 정서적 어려움이나 스트레스 상황에서 여행을 통해서 우울감을 해결하려고 했던 경험이 있다. 세 사례 중에 현재 경제적 상태, 시간활용이나 심리적 만족도가 높은 편이다. 이는 단순히 경제적 문제로 기인한 것으로만 보이지 않으며 사역 기간에도 자신을 돌본 경험의 영향으로 판단된다. 그러나 사례 3 역시 정서적 분노나 어려움을 경험할 때 주로 참는 것으로 반응했음을 언급하였다.

3. 은퇴 목회자의 정서적 돌봄의 필요성

정서 심리적 영역		
목회 기간 중 자신의 필요와 감정, 몸을 돌봄	돌보지 못했다.	돌보지 못했다.	돌보지 못했다.
은퇴 후 가장 힘든 부분	지병	지병과 경제력	
취미나 여가 활용	취미 생활 해본적도 없다.	없다.	없다.
은퇴 후 시간 사용 효율성	취미가 없었고 경제적 이유로 할 수 있는 것도 없어 현재 시간을 제대로 보내지 못한다. 주로 운동이나 산책으로 시간을 보낸다.	무엇을 해야 할지 모르고 모든 것이 귀찮고 힘이 나지 않는다. 주로 운동이나 산책으로 시간을 보낸다.	시간을 잘 보내고 있다.

은퇴 후 신앙, 심리적 만족도	그저 그렇다.	지병과 경제적 어려움으로 매우 힘들고 어렵다. 신앙적으로 교회 출석을 못하는 것이 가장 힘들다.	신앙적으로는 내적 생활에 집중하면서 만족한다.
은퇴 후 경제적 지원이 된다면 지속적으로 하고 싶은 일	운동, 봉사, 사역		
은퇴 후 주로 만나는 대상	목회자	없다.	친구들
은퇴 후 가장 큰 심리적 변화	정신적 괴리감(중직자들의 괴롭힘)	외로움	자신을 돌보는 중
은퇴 후 (가능한) 경제 활동 여부	없다.	절약으로 생활	그런대로 적응하면서 지내고자 한다.
목회자로서 정체성의 혼란이나 힘듦을 느끼는 경우	어려운 성도를 도와주지 못할 때	예배 생활을 못할 때	담당하던 교회 문제 등이 언급되거나 논의 될 때
은퇴 이후 가장 필요한 것	휴식과 건강 회복	위로	친구들과 어울리며 소통하고 있다.
신체화를 동반한 정서 상태	주의 단계	상담 필요 단계	경미한 단계

사역 자체는 우울함이나 정서적 문제를 유발하기에 자연스럽고 당연한 환경이다. 다양한 사람들을 돌보고 교회를 관리한다는 측면에서 분주하고 일의 영역이 많아 더욱 그렇다. 그럼에도 목회자들은 신앙의 이름으로 힘듦의 상태를 부인 한 채 자신을 돌보지 않거나 쉼이 필요하다는 것을 알았다 하더라도 자신을 돌볼 기회를 놓치고 이 상황이 익숙해져서 결국에는 자신을 어떻게 돌봐야 하는지를 모르는 상태에서 은퇴하게 되었음을 볼 수 있다.

위의 사례가 한국 교회 은퇴 목회자를 대변하거나 대표하지는 않는다. 다만 일부 차이는 있지만 범주를 크게 벗어나지 않을 것이라고 생각한다. 위 사례의 특징을 살펴보면

1) 자기-가족-돌봄의 부재와 인식 부족

목회자는 자신이나 가족보다 목회와 성도가 더 중요하고 우선시되어야 한다는 생각을 가지고 있었다. 은퇴 이후에 정작 자신과 가족을 제대로 돌보지 못한 것이 가족이나 자신을 어떻게 돌보거나 관계를 맺어야 하는지 잘 모르는 혼란과 아쉬움을 낳았다. 나는 어느 대형교회 목사님의 장례식장에서 자녀들이 장례의 순간에도 아버지가 오롯이 자신들의 아버지가 될 수 없는 것을 눈물로 호소하며 자신들만의 아버지로 잠시 머물고 떠나보낼 시간을 달라 외쳤던 모습을 기억한다.

2) 경계가 약한 타인 중심-성도 중심-의 삶

영혼 구원에 있어 돌봄이라는 역할이 목회자의 존재 이유나 가치가 되면 돌볼 대상이 부재하거나 이 역할이 더 이상 기능하지 않으면 존재감도 사라지게 된다. 목회자의 역할과 기능도 중요하지만, 이 기능이 지속되지 않더라도 하나님 자녀로서의 주어진 책무나 존재가 사라지는 것은 아니다. 자기 부재에서 몰입한 타인 중심의 삶은 내면 결핍의 충족으로 사용될 가능성이 높으며, 대상이 부재할 때 정체성의 혼란으로 어려움을 초래할 수밖에 없다.

3) 관계나 일 중독적 성향의 특징

분주하고 바쁜 일들을 수행하는 사역-일-중심적 생활이 사역의 대상인 돌볼 성도가 없거나 수행할 일이 없을 때 느끼는 공허감, 불안감, 무가치감, 무기력 등을 경험하는 경우이다. 사역 외에 다른 영역에 대한 개방성이나 융통적인 대안을 가지고 있지 않으며 스트레스에 대한 대응이나 긴장 이완 등의 해소 방법을 잘 모르는 채로 은퇴 이후 취미나 여가 시간 활용에 힘듦을 호소한다. 일 중심의 삶은 일이 없을 경우, 시간이 생겼을 경우, 실제 자신만의 시간을 어떻게 사용해야 할지 모르고 자신의 삶이 목적 없게 느껴지거나 쓸모없는 무가치감을 느끼고 은퇴 후에는 더욱 고립감을 경험하기 쉽다.

4) 자기 인식의 부족

목회의 역할과 본질적 자기 인식의 동일시로 인한 어려움이다. 목회를 위한 기능이나 역할을 자신의 가치나 정체성으로 잘못 인식하는 것이다. 목회는 나 아닌 누군가도 할 수 있는 일이지만 '나'라는 존재의 정체성은 오직 '나'만이 가진 고유성이다. 그럼에도 자기 인식이 약하거나 부재인 목회자는 은퇴 후 더욱 정체성 혼란을 경험하기 쉽다. 목회의 기능과 역할에 대한 변화가 존재적 자기 인식이나 존재감을 상실시키는 것은 아니지만 동일시가 된 경우는 분리가 힘들다. 목회자가 목회를 자신의 존재 가치와 목적에 연결시켜 인식한다면 목회는 은퇴하는 것이 아니다. 이 역할은 천국 가는 날까지 부여된 것이다. 그리스도인이 직분에서 물러났다고 그리스도인이 아닌 것이 아니듯 일반 은퇴가 의미하는 단순히 월급을 받고 일할 장소가 없어진 것으로 존재 가치와 역할을 가늠해서는 안 될 것이다. 경제적 부분의 보상적 영역과 심리적 영역에는 분명 경계가 있어야 한다. 은퇴 목회자에게 경제적 어려움도 현실적으로 해결해야 할 부분이지만 존재의 목적과 삶의 목표 차를 인식하고 이와 관련된 심리적 의식 변화도 요구된다고 할 것이다.

5) 주도적 결정권과 통제적 리더 역할에 익숙한 패턴으로 인한 관계 소통의 어려움

지시적이거나 주도적 대화 패턴, 경직된 사고로 인한 융통성 결여, 행위 중심의 결과론적 평가 인식 등은 은퇴 이후의 관계성에서 어려움을 초래한다. 권위와 함께 부여된 영역들에 대한 인식의 변화가 필요하며 새로운 대인관계 패턴과 의사소통에 관심을 가져야 할 것이다.

6) 의존적 성향의 성도들로 인한 높은 동반적 관계 의존성

성도들의 관심과 필요를 채우는 데 자신의 가치와 존재감을 경험하는 경우이다. 목회 중 정작 혼자의 시간을 제대로 사용하지 못했을 뿐더러 혼자 시간을 보낼 경우도 교회 일을 하거나 설교 준비를 위한 시간 활용에 익숙했던 패턴을 가지고 있다. 모든 생각이나 행동이 교회와 성도의 필요와 욕구 충족에 중심을 두었던 목회자는 은퇴 이후 돌보는 위치나 보호자 역할에서 벗어나는 것 자체가 스스로 견디기 힘들어진다. 누군가에게 필요한 사람으로 있을 때만이 자신을 지각했기 때문이다.

7) 종교와 현실적 문제의 경계 혼란

하나님 중심의 삶은 목회자뿐만 아니라 모든 그리스도인에게 요구되는 당연한 모습이다. 위에서 언급한 목회자가 가지고 있는 신념이나 태도, 인식 등이 잘못되었다는 의미가 아니다. 건강한 신앙은 현실에 기초할 뿐 아니라 객관적 의식을 가진 절대적 신앙과의 균형을 요구한다. 건강한 신앙은 지혜와 분별을 요하며 성장하고 성숙해 가는 것이다. 지금도 여전히 교회 내에 신앙과 현실적 혹 심리적 부분의 괴리나 불균형, 경계의 모호함이나 불명료함, 말씀과 현실의 미흡한 연결성, 구체적이고 실제적 접근에 대한 적절한 입장이나 대안 제시의 어려움 등이 있다. 이러한 양상은 40대 이전이나 MZ세대가 교회의 주류를 이루면서 더욱 두드러지는 과도기에 와 있는 것처럼 보인다. 본질적으로 이러한 문제는 지금에야 있는 것이 아니라 오래전부터 교회 내 심리적 불균형의 문제였으며, 이성적 말씀과 순종이라는 태도로 억압되었던 영역 중 하나였다. 이런 부분들의 영향이 다소의 혼란을 불러일으키기도 하지만 결국 현실적인 부분에서 목회자 자신에게도 예외이지 않다고 생각한다. 어느 부분은 목회자가 종교적 신념과 강하게 연결되어 일반 성도나 일반 은퇴자보다 더 비현실적인 대안이나 의식의 문제를 가지고 있는 것처럼 보인다.

8) 심리 상담에 대한 접근의 부재

심리 상담과 관련된 질문에서 세 분 모두 상담에 대해서는 알고 있으며, 한 분을 제외한 두 분의 목회자는 긍정적 생각을 가지고 있다. 한 분은 목회자를 위한 센터가 있다면 상담을 받아 볼 의향이 있다고 적극적 답을 하고 있기도 하다.

세 분 목회자들은 목회 기간 중 사역의 분주함으로 자신의 필요나 감정, 몸을 돌보지 못했다. 사역과 성도 중심인 상황에서 자신의 변화나 필요에 대한 무관심, 우선순위에서 밀리는 것, 돌볼 필요성을 느끼지 못한 점 등도 있을 것으로 보인다. 사례들은 심리적 도움을 받고 싶지만, 목회자라는 지위나 폐쇄적 상황 인식으로 다소

경직된 태도를 보이고는 있지만 적절한 시스템이 제공된다면 심리적 지원이 필요함을 알 수 있다. 또한 사례 3이 보여주고 있는 심리적 안정감과 상담에 대한 적극성은 경제적 영향인지 아니면 성격이나 삶의 태도적 측면의 영향인지는 정확히 단정 지을 수 없지만 결과론적으로 이는 상관관계가 있음을 볼 수 있다.

목회자라는 직분이 우울증이나 정서 질환에 더 안전하고 보호받는 특권을 가졌다고 할 수는 없다. 인간이라는 동일한 조건에서 심리적 영역은 가장 인간답고 보편적인 겸손의 입구이다. 정서 심리적 영역은 건강한 목회를 위해 목회자 스스로가 인식하고 돌봐야 할 영역이었음에도 불구하고 소외되고 무관심했던 것이지 은퇴 후에 필요한 영역만은 아니다. 은퇴를 앞두고 자살하거나 은퇴 이후 임대 아파트에 살며 폐지를 모아서 생활비를 충당하는 모습들은 일반 준비되지 못한 은퇴자들의 경우보다 더 가슴 아프고 우울한 절망의 상황이다. 목회라는 성직 수행의 명분으로 가족까지 희생한 삶 전체가 무너지는 경험이기 때문이다. 때로는 초월자 하나님의 개입이 부인당할 수 있는 슬픈 상황이 될 수도 있다.

심리학에서 정서 조절 능력이나 수용, 공감 등의 정서 능력은 자신의 감정에 민감하고 공감적일 때 타인에 대한 공감력과 수용력, 이해력도 높다고 말한다. 목회자 자신이 자신의 감정에 수용적이지 않고 둔감하면서 성도의 마음을 수용하고 공감하기는 쉽지 않다는 논리가 된다. 비버리 엔젤은 Healing your emotional self에서 내가 어떤 사람인지 발견하는 가장 효과적 방법은 자신의 감정에 집중하는 것이라고 말한다. 내면에 울리는 하나님이 주신 감정의 에너지는 메시지를 담고 있어서 지혜의 통로로 사용할 수 있도록 하셨다. 자신을 알아가는 것 특히 내면의 정서에 민감함은 자신을 돌보는 첫 단계이자 성령에 민감하게 반응하는 영적 통로이다. 정서적으로 자신을 돌보는 방법을 모르거나 경험해 보지 못한 목회자는 오직 말씀과 기도, 이성적 통제로 자신과 소통하듯 성도에게도 말씀과 신앙을 내세워 외형적으로 강한 모습으로 있도록 요구하고 양육할 수 있다. 이것들이 잘못되었다는 의미는 아니다. '오직 예수'라는 것이 신앙인에게는 결코 잘못될 수 있는 것도 아니다. 다만 목회자 자신이 자기 인식이나 이해의 기초인 정서적 돌봄에 둔감한 상태에서는 실제로 사랑으로 섬긴다는 목회는 '일'이다. 어떤 목회자는 "목회는 행동과 인지로는 섬김이지만 심리적으로는 섬김을 받는 위치에 있다는 이중적 사고에 익숙해져 있는 환경"이라고 말한다. 이성으로 통제되지 않는 많은 정서적 돌봄에 대한 역할 수행은 일처럼 누적되어 탈진되고 우울함이나 정서적 어려움을 겪게 만든다. 심리적 측면은 이성으로 통제되지 않는 이 자체로 다뤄져야 하는 부분임을 강조하고 싶다.

결론적으로 구원 사역과 관련된 관계 중심적 목회 사역은 목회자 자신도 잘 돌보는 사람만이 잘할 수 있다. 부흥기를 지나 새로운 시대에 접어든 앞으로 사역은 더욱 그렇다. 한국 교회 실정이 목회자가 자신을 돌보는 것이 힘들다고는 하지만 이 또한 변화되어야 할 의식이라고 본다. 목회자 역시 목회자라는 이미지나 당위적 모습에 갇혀있는 것이 아니라 한 영혼으로서 자신을 돌보아야 한다. 오랫동안 돌봄에서 소외되고 제외된 자신을 만나는 것이 쉬운 일은 아니지만 은퇴 이후에라도 목회자들이 자신으로 온전히 하나님 앞에 있을 수 있도록 정서적 돌봄에 대한 영역의 의식 전환이 필요하다.

4. 제안

전제는 목회자일지라도 은퇴는 준비되어야 한다는 것이다. 현실적인 대안이나 개념의 변화가 필요하고 이에 대한 교단 차원의 대안과 대책이 요구된다. 노후의 영역은 건강과 정신적, 영적, 신체적 등의 모든 영역의 총집합체가 노년기라는 새로운 발달 단계로 진입하는 것이다. 이 단계는 인간 발달의 마지막 단계로 보다 자유로운 시간과 함께 자신이 있던 곳을 떠나 또 다른 삶으로의 여행이다. 은퇴라고 인간의 가치나 필요한 욕구, 관계 등이 변하는 것은 아니다. 오히려 관계, 건강, 물질, 정서 심리적 지원 등이 더 절실하고 필요한 시간이며 더 완숙되어 가는 시간이다. 이러한 부분의 완성은 경제적 측면과 무관하지 않지만, 본 글에서는 심리적 관점에서 이 글을 마무리하면서 다음과 같은 제안을 해본다.

첫째, 은퇴를 앞둔 예비 목회자를 위한 예방적 차원 교육과 지원 프로그램

둘째, 각 교단별 심리적 지원 프로그램 제공과 담당 심리 전문 상담사 배치

셋째, 은퇴 목회자를 중심으로 동료 상담사 역할 전환을 위한 심리 교육 제공

넷째, 정서적 심리적 의식의 변화를 위한 집단 상담이나 교육

다섯째, 은퇴자가 편히 예배를 보거나 교재 할 수 있는 장 마련

여섯째, 심리적 지원은 은퇴의 문제라기보다 근원적 목회자 돌봄 인식 전환 필요

나가면서

목회자라고 은퇴가 다를 것으로 생각한다면 이 의식 자체가 모순이다. 하나님을 믿는 신앙인이라고 인간의 본능적이거나 심리적 영역을 벗어나서 경험되는 것은 아니다. 은퇴는 목회자에게 어느 측면 일반 은퇴자의 그것보다 더 힘들고 어려움을 기술하였다. 한 예로 일반 직장은 조직의 구성원 중의 하나라는 의식이 있지만 목회자에게 교회와 공동체는 곧 '나'다. 가족과 나를 희생하면서 헌신한 곳이다. 은퇴의 순간까지 분리지 않은 채 있으며 이 상황은 은퇴 과정에서 직면하는 문제, 즉 은퇴 시에 경험하게 되는 경제적 문제에 부딪히면서야 만나는 영역이 되기가 쉽다.

은퇴는 사실 산업화 시대가 낳은 산물이다. 농업시대에는 나이와 상관없이 건강이 허락하면 농사일을 하면서 살았다. 그러나 경제적 지원의 문제가 발생하는 산업화 시대에는 은퇴라는 제도를 사용하여 생산 효율성을 고려하게 된 것이다. 이런 의미에서 보면 은퇴는 철저하게 경제적 영역과 맞닿아 있다. 한 개인의 능력이나 자원의 영역은 아닌 것이다. 영혼 구원 사역에 은퇴는 존재하지 않는다. 경제적 측면의 은퇴는 있지만 한 개인의 소명이나 가치의 심리적 은퇴의 영역은 이와 다르다. 목회자 자신의 존재 가치를 목회자 역할이나 기능, 소속 교회와 공동체의 일터 중심의 개념에 토대를 둔다면 은퇴는 분명 일터가 사라진 것이다. 그러나 목회자가 일터 중심의 직분은 분명 아니다. 목회의 역할이 목표가 아니라 가치나 목적이 되면 은퇴는 사실상 없다. 여기에 은퇴 목회자들의 인식 전환이 필요하다. 교회라는 소속 공동체의 물리적 환경의 부재가 목회자 정체성을 흔들어서는 안 된다. 이를 위해 요구되는 심리적 정서적 자기 돌봄과 목회자의 정체성 나아가 존재에 대한 건강한 가치 의식의 전환이 필요하다.

결론적으로 은퇴 목회자에게 필요한 정서 심리적 지원과 함께 심리적 은퇴는 존재하지 않음을 강조하고 싶다. 다만 은퇴 목회자에게 가장 힘든 영역중 하나는 정작 자신의 심리적 내면을 다룰 줄 모르는 것이 은퇴 이후 더 어려움으로 부각되고 있는 것처럼 보인다. 목회가 부르심이고 삶의 목적이 된다면 이것은 외부 환경변화와는 무관하다. 이 목적을 이루기 위해 교회 공동체와 사역의 세부적 목표가 있었던 것이다. 은퇴 이후 부르심의 목적을 이루기 위해 노년기의 목표가 다르게 설정되어야 한다. 인간 발달 단계마다의 과업이 다르듯 은퇴 목회자가 겪는 심리적 어려움은 새로운 단계로 들어가는 과정이며, 이 또한 삶의 연장선에서 또 다른 과업을 이루어 가는 단계라고 본다. 하나님의 개입과 섭리는 천국 가는 날까지 이루어지는 그분의 계획이기에 평생을 바쳐 헌신한 분들의 삶 또한 계속될 것이다. 이 글을 마무리하면서 평생을 수고하고 헌신한 목회자들의 그 열심과 열정 그리고 믿음의 삶에 고개 숙여 감사를 표한다. 그분들의 희생이 결코 헛되지 않고 현실적 상황에서 겪은 마음의 상처에 위로가 함께 있기를 바란다.

아름다운 작별을 위하여

/ 최현범

전 부산중앙교회 담임목사, 총신대학교 신학과 초빙교수

나는 2003년 2월에 부산중앙교회에 임직하여 담임목사로 사역하다가 작년 12월에 은퇴하였다. 교인들이 자발적으로 준비한 은퇴식은 내가 바라고 기대하던 것보다 더욱 은혜로웠고, 이후 그동안 섬겼던 교회와 나름 아름다운 작별을 하였다는 생각이 든다. 돌아보면 20년 세월 목회를 할 수 있었던 것도 주님의 은혜요, 이러한 은퇴를 할 수 있었던 것도 주님의 은혜이다. 그분의 도우심이 없었다면 여기까지 올 수 없었을 것이다.

은퇴를 전후해서 새삼 깨달은 것은 목회를 잘하는 것도 어려운 일이지만, 잘 마무리하고 마치는 일이 더욱 어렵다는 것이다. 무엇이든지 끝을 잘 맺고 싶은 것이야 누구나 갖는 바람이지만, 특별히 오랜 세월 눈물과 기도로 교회를 섬기며 세워온 목회자에게 마지막 유종의 미는 그 무엇과 비교할 수 없는 소중한 것이라는 생각이 든다. 그래서 목회를 은퇴하면서 배운 것, 느낀 것이 앞으로 은퇴를 앞둔 목회자들이나 한국교회에 도움이 되기를 바라는 마음에서 여기서 나누려고 한다.

물론 목회자마다 처한 상황이 다르니 나의 경험이 모두에게 동일하게 적용될 수는 없을 것이다. 특별히 당장 교회 자립이 요원하여 은퇴 이후는 생각조차 할 수 없는 목회자들의 경우는 더욱 그러할 것이다. 미자립교회 목회자의 노후대책 문제 그리고 한국교회 안에서 상존하는 빈부격차의 문제들은 어느 개인의 문제라기보다는 한국교회 전체가 반드시 돌아보고 풀어가야 할 구조적인 문제이고 여기서 내가 다룰 문제는 아니라고 생각한다. 나의 이야기 중에 특별히 재정적인 부분은 자립뿐 아니라 은퇴 이후를 위해 어느 정도 준비할 수 있는 규모를 갖춘 교회에나 해당할 내용일 것이다.

나는 부산중앙교회에 처음 부임할 때 두 가지를 결심했다. 그 하나는 65세에 은퇴하겠다는 것이었다. 교단에서 정한 정년이 70세이지만, 조기 은퇴를 결심한 것은 사랑의 교회를 세우고 목양하신 고 옥한흠 목사님의 영향 때문이었다. 나는 신학대학원에 입학하면서부터 사랑의 교회 교역자로 섬기게 되었고, 옥 목사님에게서 목회자의 인격과 아울러 건강하고 좋은 교회가 어떤 교회인지, 그런 교회를 세우기 위해서 어떻게 목회해야 하는 지를 배웠다.

특별히 그에게 배운 가장 큰 소중한 것은 목회하기 전에 분명한 목회 철학을 갖는 것이었고, 이것이 내가 독일 유학을 결심하는 계기가 되었다. 아울러 그는 내가 박사논문을 마무리할 즈음에 생면부지한 부산중앙교회로 추천해 주시고 여러모로 배려해 주신 소중한 은사이셨다. 그런 분이 내가 부임하던 2003년에 65세로 조기 은퇴를 하셨다. 사랑의 교회에서 사역했던 많은 목회자들이 이에 도전을 받아 당시 65세 은퇴를 결심하였고, 나 역시 거기에 동참했다. 그때는 사실 깊은 생각 없이 했지만, 시간이 가면서 그것이 옳은 결정이라는 확신이 더 강하게 왔다. 여러 이유가 있지만, 그중 가장 큰 것은 은퇴한 이후에도 오랜 인생 여정이 기다리는데, 70세에 은퇴하면 새로운 것을 시작하기가 힘들 것 같다는 생각이었다. 뭔가 한 교회의 담임목사로서의 사역을 마치고 주님이 맡기실 새로운 것이 있을 것이라는 생각이 들었다.

또 다른 결심은 은퇴 이후에는 반드시 이 교회를 떠나겠다는 것이었다. 내가 이런 생각을 갖게 된 이유는 여러 가지가 있다. 먼저는 청년 시절부터 존경했던 큰 교회 목사님들이 은퇴 이후 교회 안에서 여전히 영향력을 갖고 있으면서 다양한 갈등의 소용돌이 휘말리고 결국 자신이 세운 교회를 무너뜨리는 불행한 일들을 보았기 때문이다. 목회자로 교육받고 성장하면서 나는 건강한 교회 상을 떠올리며 이런 문제들에 대해 오랫동안 고민했었다.

리더십이 교체된 뒤 교회에 어려움이 생기는 것은 여러 가지 요인이 있을 것이다. 후임 목회자의 문제나 교인들의 잘못도 있겠지만, 유감스럽게도 새로운 목회자가 사역하는 데 가장 큰 어려움이 될 수 있는 것이 바로 전임목회자이다. 수십 년 동안 교인들을 헌신적으로 섬겨왔기에 교인들과 깊은 정이 들었고, 또 목사와 교사라는 영적인 지도자로서 영향력이 클 수밖에 없다. 그런 전임자의 영향력이 겸손과 섬김의 바탕에서 좋게 발휘된다면 교회에 큰 힘이 되고 후임자에게도 도움이 될 수 있을 것이다.

그러나 목사 역시 권력과 명예에 연연하고 시기와 질투에 사로잡히기 쉬운 연약한 인간이다. 힘과 영향력을 잃어가는 것에서 섭섭함의 감정에 휘둘리기 쉽다. 지금까지 자신이 해온 목회의 틀을 후임 목회자가 변화시키려고 하는 것이 마음에 들지 않을 수도 있고, 자신과 후임 목회자 사이에서 교인들이 이간질을 할 수도 있다. 그리고 아직 건강하고 힘이 있기에 뭔가 계속해서 교회 일을 하고 싶다는 의욕이 있고 선한 동기를 갖고 이를 하려 한다 해도 교회에는 덕이 되지 않을 수도 있다.

나는 한국교회에서 전임목사가 은퇴한 뒤 원로목사라는 직분을 갖고 교회에 계속 남아 있는 것이 좋은 시스템이 아니라고 생각하게 되었다. 물론 여기에는 은퇴한 목회자가 생활할 수 있도록 교회가 제도적인 마련을 하는 것이 전제되어야 한다. 은퇴한 목회자가 경제적으로나 제도적으로 이전 교회와 연결된 있는 시스템은 분명 문제를 일으킬 소지가 다분하다. 착하고 인격적인 분이라 해도 시스템이 잘못되어 있으면 그 속에서 잘못되기 쉬운 것이 인간의 연약함이다. 목회자들이 그렇게 피땀을 흘려서 교회를 아름답게 세웠고, 그래서 존경과 칭송을 받았지만, 은퇴한 뒤의 잘못된 처신으로 인해 그 교회를 갈등과 다툼에 빠뜨리면서 씻을 수 없는 불명예를 안는 일들이 적지 않다. 이 모든 것은 목회자가 교회와 깨끗하게 작별하고 무대 뒤로 사라져야 할 그 일을 하지 못했기 때문이다.

좀 더 구체적인 계기는 개인적으로 가까웠던 선배 목회자가 교회를 사임한 이후 교회당 가까이에 살면서 교회와 이별하지 못한 가운데 어려움을 겪는 것을 옆에서 지켜보게 된 일이었다. 목회자가 아무리 목회를 잘하고 교회가 잘 성장했다 해도, 교인 중에는 목회자에 대해 불만을 갖는 사람이 있기 마련이다. 이 목사님은 은퇴 후 그런 교인들이 던지는 불편한 이야기, 때로 모함처럼 느껴지는 이야기를 듣게 되었고, 그것이 섭섭함과 억울한 감정을 만들어 갔다. 나중에는 자신이 적극적으로 추천해서 세워진 후임목회자와도 불편한 관계가 되고 그러면서 감당하기 힘들 정도의 영적인 위기를 겪게 되었다.

나는 이런 모습을 가까이서 보면서 결심했다. 교회를 위해서나 나 자신을 위해서 은퇴 후에는 교회를 떠날 것이라고 말이다. 그리고 그것을 먼저 독일에서 실천했다. 나는 독일에 가면서부터 도르트문트에 위치한 한인교회를 담임했다. 내가 공부하는 보쿰대학은 교회에서 차로 20분 정도 떨어진 보쿰이라는 도시에 있었고, 우리 집은 그 대학 바로 앞에 있었다. 한인교회의 교인 수가 점점 늘어나면서 목회에 많은 힘을 쏟아부어야 했고 그러다 보니 공부가 지지부진해졌다. 나는 학위를 마칠 때까지 교회를 섬기고 싶었지만, 어느 시점이 되면서 그것이 욕심이라는 것을 깨달았고 결국 교인들에게 양해를 구하고 사임하게 되었다.

9년 가까이 목회한 한인교회는 그야말로 가족과 같은 공동체였고, 교인들은 가족이나 다름없었다. 그런 교인들과 교회를 떠나는

게 쉬운 일이 아니었지만, 나는 단호한 이별을 결심했고, 또 멀리 이사 갈 수 있는 처지가 아니었기에 사임하기 전부터 교인들에게 여러 차례 부탁했다. "내가 교회에 오지 않는 것은 말할 나위도 없지만, 나와 만나려 하지도 말고 전화도 하지 말아 달라! 이것은 뒤에 오실 목사님을 위해서이고 교회와 여러분, 더 나아가 우리 가정을 위해서이다." 담임목사 하나만 바라보고 신앙 생활해 온 교인들에게 쉬운 일은 아니었지만, 그들은 나의 이 반복된 간절한 부탁을 들어주었고, 나 역시 이 약속을 지켰다.

이것이 누구보다도 우리 가족에게는 얼마나 힘든 일이었는지 모른다. 우리가 교인들을 섬겼을 뿐 아니라 교인들에게 얼마나 많은 도움을 받았고 그들을 얼마나 의지하며 살았는가를 느꼈다. 사임하고 몇 주간 우리 가족은 마치 광야에 버려진 듯한 느낌을 받았는데, 몇 달간 그야말로 뼈에 스며드는 외로움이 감내해야 했다. 우리는 이것을 이겨내기 위해 우리와 비슷한 믿음을 고백하는 독일 자유교회를 찾아 등록 교인이 되었고, 주일예배뿐 아니라, 소그룹 모임에도 적극적으로 참여하면서 그들과 실질적인 믿음의 가족이 되려고 노력했다. 시간이 지나면서 우리의 빈자리는 점차로 독일 교인들로 채워져 갔다.

나는 그때 깨달았다. 목회자가 가장 견디기 힘든 십자가는 그가 몸담았던 교회를 떠나는 것이라고! 정말 어려운 것이지만, 그러나 그 십자가를 피하지 않고 짊어질 때 주님은 감당할 힘을 주시고 아울러 여러 많은 위로와 축복을 주신다는 것을 말이다.

그리고 이후 부산중앙교회의 목회를 시작하면서부터 훗날 은퇴하면 반드시 교회와 이별하면서 조직으로나 재정적으로 교회와 아무런 관계를 맺지 말아야 한다는 확고한 생각을 가졌다. 이를 위해 첫 번째로 해결해야 할 일은 연금을 준비하는 일이라 생각했다. 교회는 목사가 은퇴하는 시점에서 은퇴 목사의 예우를 어떻게 해줄 것인가를 놓고 갈등을 겪기 쉽다. 재정이 부족한 교회는 부족한 대로 진통을 겪지만, 재정적인 여유가 있는 교회도 평생 생활비를 드려야 한다는 것이 부담되지 않을 수 없다. 3년 후에는 초고령 사회로 진입하게 될 우리 사회에서 앞으로 두 분의 원로 목사를 모셔야 하는 교회가 점점 늘어날 것이고, 이것은 점차로 교인 수가 줄어들 것으로 예상되는 한국교회에 큰 문제가 될 것이다.

오랜 시간 독일교회를 관찰했던 나는 교회에 부임하면서부터 목회자의 연금 문제를 거론하고 싶었다. 그러나 이런 이야기를 할 수 있는 분위기가 아니었고, 특별히 믿음으로 살아야 한다고 설교하는 목사가 자신의 노후 준비를 거론한다는 것 자체가 교인들에게 덕이 되지 않는다는 생각이 마음 한켠에 자리 잡으면서 주저하게 했다.

그러나 시간이 흐르고 또 어느 정도 목회가 안정권에 들어서면서 나는 당회에 나의 조기 은퇴 계획을 알렸고 이를 위해 연금을 준비하자고 제안했다. 그러면서 장로들에게 이것은 나를 위한 것이기 이전에 교회를 위한 것이라 설득했다. 내가 목회하는 동안에는 교회가 안정되고 재정이 여유가 있기에 연금을 위해 매월 지불하는 돈이 부담되지 않지만, 리더십이 교체된 이후나 먼 미래에 교회가 어떻게 될지 알 수 없으므로 미리 준비하자고 말했다. 감사하게도 장로들이 받아들였고, 국민연금 이외에 대략 10년을 부은 뒤 은퇴 시점부터 수령 할 수 있는 연금보험을 들었다.

돌아보면 이런 제안을 하는 것 자체가 얼마나 힘들고 어려운 일이었는지 모른다. 이후 주변의 목회자들에게 연금제도를 권할 때 나오는 반응은 비슷했다. 중견교회이고 재정적으로 여유가 있는 교회임에도 불구하고 목회자 스스로가 자신의 노후와 관련된 이야기를 꺼내는 것을 힘들어했다. 마치 고양이 목에 방울을 달아야 하는데, 과연 누가 달 수 있나 와 같은 문제였다. 정말 충분히 공감이 간다. 그래서 나는 노회 내에 친분 있는 장로들에게 담임목사가 연금 얘기 꺼내기 어려우니까 "장로님이 좀 나서서 하십시오." 라고 부탁하기도 했다.

이 제안을 할 당시 나 역시 주저했지만 기도하면서 미래 은퇴할 시점을 머리에 떠올렸다. 과연 은퇴하는 그때 지금을 돌아보면서 이 힘든 이야기를 꺼내고 연금 준비를 시작한 것을 놓고 잘했다고 여길까, 그것이 교회에 덕이 되는 일로 평가될까를 물었고, 그러면 답은 뻔했다. 실제로 은퇴하는 시점이 되었을 때는 당회원들은 오래전 연금을 결정한 것은 너무 잘한 것이라 여기고 좋아했다. 그래서 새로 부임하는 목사는 아예 시작부터 연금에 가입하기로 했다. 교회와의 아름다운 이별은 다른 무엇보다도 재정적으로 교회와 분리하는 것이다. 은퇴 이후의 삶을 더 이상 이전 교회에 의존하지 않을 때 도리어 교회와 편안한 관계를 유지할 수 있을 것이다.

교회를 잘 떠나기 위해 두 번째로 준비한 것은 후임자 문제였다. 한국교회에서 담임목사의 위치와 영향력이 큰 만큼 리더십의 교체는 교회의 미래를 결정짓는 중요한 요인이다. 그러므로 은퇴를 앞둔 나의 가장 첫 번째 기도는 좋은 목사를 후임으로 세우게 해달라는 것이었다. 우리 교회에 좋은 목사란 설교도 잘하고 양들을 잘 목양하는 인격적인 분이지만, 아울러 우리 교회가 지금까지 지향해 온 목회 철학을 공유하는 분이어야 했다.

우리 교회는 사람을 교육하고 양육하는 제자훈련과 소그룹 중심의 교회를 중요한 목회의 중심틀로 세워왔다. 또한 이런 중심틀 안에는 전인격적인 신앙과 공적 신앙을 중요하게 여기면서 이웃과 사회를 섬기는 내용물이 담겨있었다. 이를 위해 우리 교회는 그동안 구제와 미자립교회 지원이나 다양한 이웃 섬김 사역뿐 아니라, 많은 기독교 NGO 단체들을 지원하고 있었다. 특별히 내가 공동대표로 섬기는 부산기윤실을 우리 교회는 물심양면으로 도우면서 든든한 후견인 역할을 하고 있었다. 우리 교회의 교육이나 훈련과 설교에는 이신칭의나 전도, 선교뿐 아니라, 사회정의나 경제정의, 환경이나 그리스도인의 정치적인 책임에 관한 것들이 중요하게 다루어졌고, 교인들은 그런 신앙으로 성장해 갔다. 나는 자칫 이원론에 사로잡힌 목사가 후임이 되면 그런 모든 것들을 되돌릴 것이고, 교인들은 그 사이에서 많은 갈등을 겪게 되겠다고 생각했다.

그래서 후임 목회자 문제에 우선순위를 두고 은퇴 4년 전부터 본격적으로 기도했다. 그리고 당회에서 후임 목회자 문제를 놓고 기도

하자고 하면서 준비시켰다. 이런 것을 한 번도 경험해 보지 못한 당회원 중 일부는 처음부터 내가 후임 목사를 세우는 일에 주도적인 역할을 해주기를 간청했는데 나는 이것이 당회원 전체의 뜻인지를 정확히 하기 위해 비밀투표 했다. 만약에 당회원들이 원치 않으면, 이 문제를 당회에 일임하고 나는 곁에서 돕는 형식을 취하려고 했는데, 당회원 다수가 내가 주도해 주기를 원했다. 이후 나는 청빙위원회를 구성하여 후보를 추천할 것이고 당회에서 의결한 후 공동의회에서 결의하자는 로드맵을 제시했다.

이것이 한편으로는 무거운 짐이었지만, 교회를 위해 주께서 내게 맡긴 과제라 여기고 감당하기로 했다. 사실은 막연했다. 내가 믿고 추천받을 만한 곳도 떠오르지 않았고, 설사 누군가 추천해 준다고 해도 내가 어찌 그를 알 수 있겠는가! 만약 도저히 확신 가는 후보가 없다면, 여러 교회에서 하는 대로 신문에 광고를 내어 절차를 밟아가야겠다는 생각까지 했다.

그러나 주님께서는 우리의 기도를 응답하시고 귀한 후임 목사를 보내주셨다. 이분은 신학대학원생 때부터 우리 교회 교역자로 있으면서 나와는 7년 정도 사역했고, 이후 다일공동체로 가서 긍휼 사역에 동참했다. 그리고 거기서 인정받아 다일교회를 맡아 담임목사로 섬겼다. 교회를 떠난 뒤에도 자주 교제하면서 함께 목회 철학을 나눈 후배 목사였다. 우리 교회에서 배운 대로 훈련과 전인격적인 목회를 즐겁게 하면서 다일교회를 잘 성장시키고 있었기에 그를 아예 후임자로 생각할 수도 없었다. 그러나 6년씩 두 번 12년밖에는 담임목사 사역을 할 수 없다는 교회의 정관 규정을 따라 그가 사임하게 되었다는 소식을 들으면서 나는 우리 교회에 주신 주님의 응답이라 생각했다.

이후 차근차근 준비해 갔다. 청빙위원회가 구성되었고, 거기서 그를 단독후보로 놓고 많은 시간 면밀하게 검토하고 면접한 뒤 만장일치로 당회에 올렸고, 당회에서도 대다수가 찬성하여 결의한 뒤, 공동의회를 개최하여 87%의 찬성으로 최종 결정되었다. 그 과정에서 왜 신문에 광고를 내지 않느냐, 여러 명 후보를 놓고 교인들이 결정하게 해야 하지 않느냐 등의 이견들이 있었지만, 공동의회 통과 후에는 더 이상 거론치 않고 모두가 수긍하면서 평안 가운데 마무리되었다. 그리고 지금은 후임 목사가 기대 이상으로 잘하여서 교인들도 기뻐하고 있다.

은퇴를 앞두고 교회에서는 나에 대한 예우를 놓고 준비위원회를 구성하였다. 나는 이 일에는 일절 관여하지 않기로 했다. 은퇴식을 어떻게 진행할 것인가에 는 별 이견이 없었지만, 격려금을 얼마로 책정할 것인가를 놓고는 갑론을박하면서 여러 안을 당회에 올리고 당회에서 최종안을 결정했다. 이런 문제 역시 교회에 갈등과 어려움이 될 수 있는 요소임이 틀림없다. 나는 아내와 함께 우리를 위해서나 교회를 위해서 은혜로운 마무리보다 더 중요한 것이 없다고 생각하면서 교회의 어떤 결정도 감사함으로 수용할 것을 다짐했다.

이후에 당회가 결정안을 알려주었을 때 우리는 그것을 과하다고 생각하면서 제시한 금액의 60%만 감사함으로 받겠다고 했다. 그리고 이 격려금에 따른 세금을 내겠다고 했다. 이런 세금의 선례가 없어서 세무사가 정확한 금액 산출에 어려움을 겪었지만 잘 마무리 되었다. 지금까지 목회자 과세제도가 시행되기 전부터 우리 교회 교역자들은 세금 납부에 앞장섰는데, 나의 마지막 목회 여정에서 그것을 실천하고 또 교인들에게 본이 되고 싶었다.

교인들은 이 모든 것에 기뻐했고, 그것은 우리를 위해 준비한 은퇴식에서 그대로 나타났다. 은퇴식에는 내가 주일 강단을 비울 때마다 와서 설교해 준 고신대 교수님에게 설교를 부탁했고, 그 외 외부 인사는 아무도 초청하지 않고 우리끼리만의 행사로 갖기로 했다. 그런데 교인들이 최선을 다해 아름답게 준비하여 우리 부부는 깊은 감동을 받았고 마치 우리의 수고에 대해 하나님께서 "잘했다 착하고 충성된 종아!"라고 칭찬해 주시는 것 같아서 너무 행복했다.

그리고 마지막으로 우리는 교회를 떠났다. 오랫동안 부산에 살다 보니 부산만큼 살기 좋은 곳이 없다 싶을 만큼 정이 들었고, 나의 노후를 여기서 보내고 싶다는 생각도 있었다. 서울이 고향이지만, 독일 10년, 부산 20년 타향살이하다 보니 어느덧 그곳은 낯선 곳이 되었고 다시 낯선 곳에서 삶을 시작하는 것이 힘들게 느껴졌다.

그러나 나는 주님께서 내게 가르치시고 경험하게 하신 떠남을 실천하기로 했고, 이번에는 아예 부산을 떠나 경기도로 이사를 왔다. 역시 처음에는 참 힘들었다. 한겨울에 수도권의 추위는 부산과 비교할 수 없었지만, 더 힘든 것은 마음에 파고드는 외로움이었다. 주일에 예배드릴 곳을 찾는 것도 쉬운 일이 아니었다.

그러나 주님은 하나하나 우리가 이겨나갈 수 있는 길을 열어주셨다. 반년이 지난 지금 돌아보면 참 잘했다는 생각이 든다. 후임자가 마음껏 목회를 펼쳐가고 있다. 벌써 이것저것 바꾸어 가는 것들도 있는데, 만일 내가 원로 목사로 교회에 머물러 있었다면 알게 모르게 내 눈치를 보면서 주저하였을 것이다. 그러나 오직 하나님께 물으면서 소신껏 자신의 은사에 맞게 목회를 해나가니 잘하고 있고, 좋은 결실로 나타나고 있다. 교인들도 새로 오신 목사에게 마음을 주고 있고, 은혜를 받고 있고, 그렇게 하면서 교회가 평안 중에 든든히 서가고 있다.

나는 후임 목회자가 결정되고 난 뒤에 목회 마지막 단계에서는 그가 어떻게 하면 목회를 소신껏 잘할 수 있을까에 골몰했고, 그것을 뒷받침할 수 있는 것들을 장로들과 의논하면서 규정으로 세웠다. 어떤 것은 장로들이 나보다 더 적극적으로 제안하기도 했다.

제일 먼저 은퇴 후의 연금은 사역한 연수보다 미래 은퇴할 시점에 필요한 생활비에 초점을 맞추도록 했다. 그러다 보니 후임자는 나보다는 사역할 수 있는 기간이 짧지만, 더 많은 연금을 받을 수 있게 되었다.

나는 목회자에게 쉼의 시간이 중요하다고 생각해 왔다. 주위에 부교역자가 있음에도 불구하고 담임목사의 여름휴가를 주중에만 갖게 하는 교회를 보면서 안타까웠다. 사실 목요일부터 주일 준비를 한다고 생각한다면 그것은 휴가가 아니다. 목회는 너무 많은 에너지를 소진하는 사역이므로 반드시 쉬어가는 시간이 필요하고 그것이 결국은 교인들에게 유익으로 돌아오기 마련이다. 그러므로 우리 교회는 후임자가 매년 여름휴가에 두 주일을 비워서 몸과 마음이 여유 있게 쉴 수 있도록 규정화했다. 또한 교인들에게 자신의 것을 부어주어야 하는 목회자에게, 자신도 채움을 받고 더 나아가 계속해서 배우고 도전받는 시간이 필요하다. 그래서 7년 사역 후에는 최대 6개월간의 안식년을 갖도록 하고 이를 위해 충분히 재정적으로 지원하도록 했다. 물론 부교역자들도 1년에 15일간의 휴가와 8년 사역 뒤에 한 달의 안식월을 가질 수 있도록 배려했다. 이 외에도 목회자와 관련한 문제에 있어서 혹시라도 한두 장로나 교인들이 시비를 걸며 갈등을 일으키지 못하도록 규정으로 명문화했다.

이런 것은 목회를 하는 담임목사가 스스로 말하기에는 어려운 내용들이다. 그러므로 마치 주님이 오시는 길을 예비한 세례요한과 같이 후임자가 목회에 전념할 수 있도록 길을 닦아주는 일이 전임자인 내가 할 일이라 생각했다. 그리고 스스로 쇠하여지면서 무대에서 사라진 세례요한처럼, 이제 교회에서 사라져 주는 것이 나의 책무라고 생각했다. 이것은 후임자를 위한 것 이전에 교회의 머리요 참된 주인이 되신 주님과 주님의 귀한 양들을 위한 일일 것이다.

나는 목회를 마치면서, 교회를 시작하는 것도 힘들고 목회의 과정도 힘들지만, 마지막 마무리하는 것이 정말 힘들다는 것을 느꼈다. 어찌 보면 은퇴를 앞둔 목회자는 힘이 약해질 수밖에 없고, 그런 가운데 잠재된 교회의 문제들이 불거질 수도 있다. 그러면서도 이 시간은 또한 아주 굵직한 문제들을 결정해가야 하는 시간들이다.

그러므로 은퇴 전 2년간은 그야말로 긴장의 연속이었던 것 같다. 이 시간을 위해 내가 할 수 있었던 가장 크고 중요한 일은 기도하는 것이었다. 그러기에 큰 어려움 없이 잘 마무리할 수 있게 된 것은 전적으로 하나님의 은혜임을 고백하지 않을 수 없다. 그 은혜로 오랫동안 섬겼던 교회와 아름다운 작별을 할 수 있었다.

우리 부부는 매일 저녁 부산중앙교회와 성도들을 위해 기도한다. 그리고 정말 기대한다. 교인들이 새로운 담임목사를 사랑하고 존경하고 신뢰하면서 교회가 평안 중에 견고하게 서며 아름답게 성장해가는 모습을 말이다. 그러면 어느 때부턴가 우리 부부는 편하게 교회를 방문하고 교인들과 만날 수 있게 될 것이다. 그날을 기대한다.

목회자 은퇴 이후의 신앙생활

- 공동체 소속의 중요성 -

/ 장희종

전 명덕교회 담임목사

담임 목사로 사역하다 은퇴한 그리스도인으로서 지난날 경험하지 못했던 전혀 새로운 경험을 하게 되었다. 그것은 삶의 근거요 내용이요 전부가 되었던 신앙공동체에서 뽑혀 갈 바를 알지 못하고 방황하는 경험이었다.

주님의 부르심을 받아 준비 과정이 끝나고 목사의 임직을 받을 때 모든 과정을 통과했다는 만족과 새로운 일에 대한 기대와 확신이 마음에 주어진다. 그러나 주의 교회의 청빙을 받아 담임 목사로 위임을 받을 때는 전혀 다른 은혜를 받게 된다. 그것을 바울이 "예수 그리스도의 심장"(빌1:8)이라고 했던 바로 그러한 마음과 교회의 성도들에 대한 집중력이다. 그러한 예수 그리스도의 마음이 있기에 담임 목사는 "해산하는 수고를"(갈4:19) 순간순간 경험하지만 마다

하지 않고 기쁨으로 감당한다. 담임 목사에게 주어진 그 특별한 은혜를 사역 중에는 의식하지 못했다. 마땅히 해야 할 일로 생각하고 기도할 때 하나님의 도우심으로 감당해 가고 있다고 생각했기 때문이다.

사명의 멍에를 벗는 은퇴의 날에 비로소 그 특별한 사역의 은혜(주님의 심장)를 내 마음에 넣어주신 분이 하나님이심을 알게 되었다. 임기 마지막 주일 마지막 시간까지 감당하고 삼위 하나님의 이름으로 지워주신 담임 목사의 직무를 스스로 하나님께 넘겨드리고 설교단에서 내려오는 순간 말로 표현할 수 없는 자유와 성도들의 삶의 무게에서 벗어난 가벼움과 끊임없이 일어나는 성도들의 삶의 긴장으로부터 해방감과 평화가 마음에 충만하게 부어짐을 경험했다. 이는 지난날에 경험해 보지 못했던 전혀 새로운 자유와 평화와 기쁨이었다. 이것은 주께서 메워주신 임무를 지고 끝까지 완주한 내게 주시는 주님의 선물임을 알았다.

사역하는 동안 내 마음은 오직 주께서 맡겨주신 주의 백성들의 영원한 운명과 그들의 현실적인 무거운 문제들로 가득 채워져 있었다. 그런 문제를 안고 그들에게 전해줄 말씀을 받아 준비해야 했고, 새벽마다 주 앞에 나아가 간구하지 않을 수 없었다. 나를 담임 목사로 세우신 주님께서 내 마음에 넣어주신 주님의 마음임을 알았다. 그리고 은퇴와 동시에 그 무거운 마음을 거두어 후임 목사에게 지워주시는 줄을 그때 알았다. 그래서 주님의 교회를 위임받아 섬기는 후임 목사에 대한 사랑하는 마음과 진실한 기도를 드리지 않을 수 없게 되었다. 마치 어머니가 결혼하여 자녀를 낳아 양육하는 딸에 대한 마음이 이런 마음이 아닐까 생각했다.

담임 목사로서의 긴장과 무거운 부담이 사라지는 동시에 새로운 문제에 눌리게 되었다. 지금까지 삶의 근거요, 삶의 내용과 삶 전체가 되었던 신앙공동체와 이별해야 한다는 아픔과 두려움 때문이었다. 즐겁게 온 마음을 다해 섬기던 교회에서 주님의 인도하심을 따라 다른 사역지로 옮겨야 하는 아픔은 경험한 적이 있었다. 이는 사랑하는 이들을 두고 다른 곳으로 떠나는 아픔이다. 그러나 또 다른 품어야 할 하나님의 자녀들이 있고 내가 가서 속할 공동체가 있기에 새로운 소망으로 떠나곤 했었다. 그러나 사역을 마치는 은퇴는 지금까지의 삶의 자리에서 옮겨야 하지만 가야 할 곳이 정해지지 않아 찾아오는 당황스러움이다. 은퇴 후 2년여 동안은 주일 예배 설교, 사경회에 초청받기도 하고 함께 섬겼던 후배 목사들의 교회를 돌아볼 겸 순회하면서 의미 있는 주일을 보냈다. 그러나 가야 할 교회가 정해지지 않은 주일에 어느 교회에 나가 예배를 드려야 할까? 알지 못하는 교회에 조용히 뒷자리에서 예배만 드리고 오려고 참석했으나 예배 시간에 일으켜 세워 소개하는 민망한 일 때문에 계속할 수가 없었다.

우리 영혼의 본향으로 돌아갈 때까지 영혼의 양식을 공급받으며 성도의 교제를 나눌 신앙공동체 선택은 쉽지 않았다. 특히 은퇴한 목사에겐 더욱 어려운 문제였다. 지금까지 섬기던 교회에 계속 나갈 것인가 은퇴자들만 모이는 교회에 나갈 것인가? 은퇴한 선배들은 어느 쪽도 만족함을 누리지 못함을 알게 되었다. 섬기던 교회에 나가는 은퇴 목사들은 일반적으로 1부 예배 시간 뒷자리에 앉았다 담임 목사와 마주치지 않도록 먼저 일어나 돌아간다고 한다. 그런가 하면 은목교회(은퇴 목사들의 교회)에 출석하는 은퇴 목사는 담임목사가 없이 서로 돌아가면서 준비 없이 주일 설교를 하기 때문에 영혼의 만족을 누릴 수 없어 몸부림치다 그 교회를 떠났다고 알려준다. 그렇다면 나는 어떻게 할 것인가? 평생을 하나님 중심, 성경 중심, 교회 중심으로 성도들과 교제하며 살아왔던 우리 부부는 마치 시인의 고백처럼 "광야 사막 길에서 방황하며 거주할 성읍을 찾지 못"(시107:4-5)하고 이곳저곳으로 떠도는 난민들의 슬픔을 경험하는 날들이었다.

은퇴 목사는 왜 20년 30년 섬기던 신앙공동체에서 뿌리 뽑혀 난민으로 살아야 하는가? 서양 사람은 비교적 합리적이어서 선임자와 후임자는 선배와 후배, 혹은 할아버지 목사와 아버지 목사의 이미지로 자연스럽게 한 공동체 안에서 서로 도우며 조화를 이루어 공동체에 더욱 풍성함을 제공한다. 그러나 우리의 목회 현장은 합리적이기보다는 정서적이다. 목회자는 하나님의 자녀를 맡아 양육하는 유모와 같다. 새로 부임한 목사는 새어머니요, 은퇴한 목사는 옛 어머니 이미지다. 그래서 성도들의 입장에서 새어머니에게 빨리 정을 주며 적응하기 위해서 옛 어머니는 멀리 떠나 자주 나타나지 않는 것이 유익하겠다는 생각에 이르게 됐다. 그리고 모든 교회의 일을 새로 부임한 담임 목사를 중심으로 소신껏 할 수 있도록 옛 사역자는 주위에서 사라져 주기를 바랄 수 있겠다고 생각했다. 새로 부임한 목회자와 은퇴자의 관계를 이렇게 정리하게 되니 새로운 생각을 하게 되었다. 은퇴 후에 꼭 사역하던 지역에 있어야 할 이유는 없겠다. '가능한 한 멀리 다른 지역으로 옮겨 새로운 공동체를 찾아보는 것도 방법일 수 있겠다' 생각하게 된 것이다.

우리 부부는 하나님 나라의 한 백성으로서 새로운 삶을 시작하기로 결심했다. 20년 넘게 살아오던 지역에 꼭 머물러 살아야 할 이유가 더 이상 없었다. 자녀들의 주선으로 대구에서 먼 경기도 김포시로 거주지를 옮길 것을 결정하고 새로운 거주지에서 제일 가까운 교회 후배 목사에게 메일을 보냈다. 목사님의 돌봄을 받으며 신앙생활을 하기를 소망하는데 받아주실 수 있을지 정중하게 문의했다. 며칠 지나서 환영한다는 답장이 왔다. 우리 부부는 새롭게 소속할 신앙공동체가 있다는 것이 얼마나 기쁘고 행복했는지 모른다. 난민으로 살다가 입국을 허락받은 난민의 감격과 기쁨이 이럴 것이다. 우리 부부는 지금까지 하나님의 백성으로서 담임 사역자 신분이 아닌 한 성도로 주의 교회를 섬겨본 경험이 전혀 없었다. 신학교 졸업과 동시에 담임 사역자의 길에 들어섰기 때문이다. 그래서 우리 부부는 다짐했다. 이 땅을 떠나기 전에 한 성도요, 주의 몸 된 교회의 지체로서 섬길 새로운 신앙생활을 소원하며 새로운 신앙공동체에 출석하여 등록했다. 처음 출석하던 주일 새교우를 소개하는 시간에 우리는 이 교회에 한 성도로 섬기기를 원한다고 우리를 소개했다. 우리 부부는 곧 새신자 교육을 담임목사에게 받았다. - 사도신경, 주기도

문에 대해서, 십계명에 대해서, 예배에 대해서, 교회의 비전에 대해서 2시간씩 4주 동안 교육을 받았다. 그리고 6개월 후 정교인이 되었다. 정교인이 되어 교회의 모든 특권과 의무를 부여받아 새로운 신앙생활에 적응해 갔다. 모든 것이 생소하지만 앞으로 섬겨가야 할 우리의 신앙공동체라는 의식으로 마음과 사랑을 쏟으며 최선을 다했다. 모든 성도가 예배를 비롯한 공동체의 일들에 참여하며 자기 역량껏 봉사하는 교회였다.

그러나 직분자가 아닌 성도로서 교회 생활을 하면서 처음 시련을 경험했다. 우리의 영혼을 양육할 목사로 신뢰와 사랑으로 교제하던 담임목사가 교회를 떠나가야만 하는 시련의 때가 온 것이다. 공동체는 아픔을 경험했고 함께 기도에 전념했다. 성도들이 돌아가면서 줌으로 인도하는 새벽기도회에 참여하면서 교회는 안정을 찾아갔고, 새 담임 목사가 부임하고 성도들은 자기가 할 수 있는 봉사를 역량껏 자원하며 봉사하면서 다시 활력을 회복해 가는 경험을 하게 됐다. 이제 우리 부부는 주일에 예배하러 가는 것이 기다려지고 행복하다. 담임 사역자로 섬길 때는 경험해 보지 못했던 대표기도, 성경봉독, 예배 안내, 부엌 설거지 등 주님의 몸 된 교회를 섬기는 것이 즐겁고 행복하다. 한 달에 한 번씩 모이는 구역모임을 통해서 친밀한 성도의 교제를 나눌 수 있어 즐거웠다. 그리고 전도지를 들고 노방전도를 다니는 것도 구원받은 성도로서 새로운 보람을 느낀다. 담임목사 부재 시부터 새 담임목사가 오셔서 지금에 이르도록 당회는 저에게 수요기도회를 맡겨주셔서 즐겁게 봉사하면서 신앙공동체에 깊숙한 소속감이 생기게 되었다. 그래서 하나님께서 우리의 이 땅에서 경건 생활을 위해 필요한 모든 조건을 새롭게 충족시켜 주셨다. 주님의 몸 된 교회의 지체 의식을 가지고 교회를 사랑할 마음을 주셨다. 교회 텃밭에서 도시농부로서의 큰 기쁨도 덤으로 누리고 있다.

하나님께서 그의 택한 백성은 한 사람도 예외 없이 거룩한 공교회에 속해서 생활하도록 하셨다. 교회를 통해서 보호받고 신령한 은혜를 공급받으며 교제를 통해서 하나님을 영화롭게 하고 영원토록 즐거워하는 삶을 누리도록 하셨다. 그러기 위해서는 신앙공동체에 속해 있으면서 주일마다 나아가 하나님의 백성들과 함께 하나님의 말씀을 받으며 하나님과 거룩한 교제가 있어야 한다. 하나님 교회의 지체가 되어 소속감과 책임감으로 몸과 마음과 뜻을 합하여 함께 이루어 가야 하는 선한 사역에 참여하는 교제가 있어야 한다. 그리고 삶을 함께 나누는 친밀한 사랑의 교제를 누릴 수 있어야 한다. 그럴 때 구원받은 성도로서 이 땅에서 하나님을 영화롭게 하고 즐거워하며 만족한 삶을 누릴 수 있다. 지금 우리 부부는 은퇴 후에 새로운 신앙공동체에서 이러한 삼중의 교제 속에 행복한 신앙생활을 누리며 지내고 있다. "이에 그들이 근심 중에 여호와께 부르짖으매… 바른 길로 인도하사 거주할 성읍에 이르게 하셨도다. 여호와의 인자하심과 인생에게 행하신 기적으로 말미암아 그를 찬송할지로다 그가 사모하는 영혼에게 만족을 주시며 주린 영혼에게 좋은 것으로 채워주심이로다"(시107:6-9). 아멘

Ⅱ-2. 한국교회 목회자 은퇴 매뉴얼
"경제"

목회자 은퇴 경제적 준비
- 교회와 교단은 무엇을 해야 할까 -

/ 김상덕
기윤실 상임집행위원, 연세대 강사
/ 조성돈
기윤실 공동대표, 실천신학대학원대학교 교수

들어가며

한국교회가 압축적이고 급속도의 성장을 거치고 난 후, 2000년도를 기준으로 전반적인 감소세의 상황을 거치고 있다. 이 가운데 드러난 위기 가운데 하나가 바로 목회자 은퇴에 대한 공교회적 대응이 부족하다는 것이다. 이 글의 주목적은 목회자 은퇴와 관련한 문제의식을 높이고 이에 대한 공교회적 대책을 강구하기 위함이다. 전

국의 목회자가 겪는 많은 어려움과 각자의 사정이 있겠지만 이를 전수 조사하기에는 물리적인 한계가 있다. 그래서 이번 프로젝트에 서는 목회자 은퇴와 관련한 현실적인 어려움, 그중에서도 경제적 부 분, 그리고 이에 대한 윤리적이고 신학적 논의를 주로 다루고자 한 다. 특히 작고 평범한 교회의 목회자가 은퇴할 때 발생하는 어려움 이 무엇인지를 조금이나마 구체적으로 다뤄보고자 한다. 이를 위해 목회자 은퇴 보수 문제로 제기될 수 있는 사례를 크게 다섯 가지로 구분해서 설명하고, 그 속에서 목회자 및 교회가 당면한 현실적인 문제를 살필 것이다. 글 마지막에는 불완전한 현실을 인정하고 이를 헤쳐 나가기 위한 공교회적 관심과 실천에 대해 다룰 것이다.

1. 연구 배경: 교세 감소와 목회자 보수, 그리고 은퇴까지

한국교회가 당면한 다양한 문제들이 존재한다. 그리고 모든 것은 서로 연결되어 있다. 그동안 기윤실 교회신뢰운동의 방향성은 주로 윤리적 관점에서 목회자 및 교회의 공적 역할을 중심으로 고민해 왔으며, 이 과정에서 일부 목회자의 스캔들이나 대형교회의 비윤리 적이고 무책임한 사안들에 집중해 왔다. 이는 교회가 한국 사회에서 중요한 '세력'(power)으로서의 조직이자 공적인 역할을 감당하고 있 다는 점에서 여전히 중요한 감시와 개혁의 대상이 되어야 함은 마 땅하다. 하지만 교회 신뢰 회복에 있어서 우리가 놓치고 있는 영역 이 존재한다. 주로 작고 평범한 교회들이다.

한국교회의 현실을 생각해 보면, 전체 교회의 절반가량이 미자립 교회이고, 다수의 목회자가 적정한 보수조차 받지 못하는 형편이다. 목회자 및 교회의 윤리적 갈등의 지점은 비단 대형교회에서만 발생하는 것이 아니라, 작고 평범한 일상에서도 발생하며 '현실'이란 명목하에 다양한 타협과 비윤리적 결정들이 이뤄진다. 굳이 드러내거나 밝혀지지 않을 뿐, 한국교회에 직간접적으로 부정적 영향들을 생성한다. 이 글은 목회자의 은퇴 시점에 발생할 수 있는 부정적 사례에 대하여 다룬다. 그러나 개교회나 목회자의 책임을 묻고자 하기보다는 근본적인 원인과 제도적 변화의 필요성을 강조하기 위함임을 밝힌다.

1) 한국교회 감소 현상

한국교회의 감소세는 지난 20년 동안 지속되고 있으며 그 속도 또한 빨라지고 있다. 다양한 원인이 있겠지만, 사회 전반에 걸쳐 인구의 감소와 고령화 시대로의 진입, 그리고 경기 침체의 장기화 등은 종교계에도 영향을 미치고 있다. 이런 흐름 속 기독교에 대한 낮은 신뢰도와 부정적 인식은 전도와 선교에 큰 장애물이 되고 있으며, 교회 간 수평적 이동을 제외한 경우 한국교회의 교세 감소는 거부할 수 없는 흐름이 되고 있다. 특별히 교회 규모가 크지 않은 작은교회들과 미자립교회의 경우, 이 글의 주제인 목회자의 은퇴 외에도 다양한 어려움에 노출되어 있어서 특별한 관심이 필요하다.

2018년 예장합동 총회에 발표된 보고에 따르면, '미자립교회'(한

해 예산 3,500만 원 이하)는 전체 응답자의 42.7% 정도였다. 반면, '자립교회'(3,500~1억 이하)는 28.5%이고 다른 교회를 도울 수 있는 여건의 '지원교회'(1억 원 이상)는 28.8%였다.[1] 같은 해, 감리교는 전체 45%[2], 예장통합은 전체 35%[3]가 미자립교회라고 보고했다. 미자립교회의 정확한 수치를 파악하기는 어려운 현실이다. 교단 총회에 개교회의 성도수와 예산, 지원 금액 정도를 모두 정확히 보고해야 그 정도를 파악할 수 있지만, 실제로는 제대로 집계되지 않고 있다. 교인 수를 기준으로 할 때, 교회 규모의 차이는 더 명확해진다. 감리교의 경우 교인 수 100명 미만의 소형교회는 전체 60%에 해당하며, 200명 미만으로 범위를 확장하면 72%가 된다. 다시 말해, 교인 수 200명 이상의 중대형 교회는 전체 28%밖에 되지 않으며, 1,000명 이상의 초대형 교회는 4% 정도이다.[4]

---

1) 한 관계자는 설문에 참여하지 않은 교회들을 포함하면 실제 미자립교회는 60% 정도일 것이라고 답하기도 했다. "교회 42%가 예산 3,500만원 미만의 '미자립'", 뉴스앤조이 (2018.9.13.) https://www.newsnjoy.or.kr/news/articleView.html?idxno=219807 (접속 2022.10.5.)
2) "[옥속부달] 감리회 교세, 지난해만 6만 명 급감", 기독교타임즈 (2018.10.11.) https://www.kmctimes.co.kr/news/articleView.html?idxno=51368 (접속 2022.10.5.)
3) "주요교단서 미자립교회 실태 보고", 기독교신문 (2019.12.12.) http://gdknews.kr/m/page/view.php?no=6994 (접속 2022.10.5.)
4) 이원규, 『한국교회의 사회학』 (성남: 북코리아, 2018), 213. 이원규는 교회의 규모를 초소형, 소형, 중소형, 중형, 중대형, 대형, 초대형으로 세분화하여 구분한다.

예장합동 교회자립개발원은 매해 미자립교회의 자립을 위한 노력의 일환으로 정확한 교세 보고 및 현황 파악의 중요성을 강조해 왔다. 이를 위해 부정적 의미의 '미자립' 대신 '미래자립교회' 용어를 사용한다. 2020년 <기독일보>의 연중 기획 "한국교회 샛강을 살리자" 특집은 미자립교회의 현황과 도전, 실천과 전략을 심도 있게 다루고 있다.5) 그러나 이 특집에서도 교회의 개척이나 자립 유지를 위한 과정까지는 다루지만, 각 교회의 담임목사가 은퇴할 경우에 대해선 다루지 않고 있다.

2) 교단의 연금/은급 제도 관련 현황

목회자 은퇴 보수와 관련한 그동안의 논의는 주로 대형교회 담임목사가 과도한 금액의 은퇴 보수를 받는 경우들에 대한 윤리적 비판이 대부분이었다. 하지만, 이제는 이와는 반대의 경우도 관심을 기울여야 하는 상황이 되었다. 은퇴 목회자의 경우, 가장 기본적인 월 생활비는 교단의 연금/은급(pension) 제도일 것이다. 하지만 모든 교단이 교단 연금/은급제도를 가지고 있는 것은 아니다. 2020년

초소형	소형	중소형	중형	중대형	대형	초대형	계(%)
20명 미만	20-49명	50-99명	100-199명	200-499명	500-999명	1,000명 이상	
26	20	14	12	17	7	4	100 (N=543)

5) "[연중기획/한국교회 샛강을 살리자 시즌2] 1부 미래자립교회 실태와 상황 ①미래자립교회 현황 파악도 못했다", 기독신보 (2020.2.10.), https://www.kidok.com/news/articleView.html?idxno=205342 (접속일 2022.10.4.) 이 특집은 2020년 2월 10일부터 6월 29일까지 총 4부에 걸쳐 17개의 세부 기사로 미자립교회 문제를 다루고 있다.

기준, 연금/은급 제도를 운영 중인 곳은 구세군대한본영(구세군), 기독교대한감리회(기감), 기독교대한하나님의성회(순복음), 기독교대한성결교회(기성), 기독교한국루터회(루터교), 대한예수교장로회(고신), 대한예수교장로회(통합), 대한예수교장로회(합동), 예수교대한설결교회(예성), 한국기독교장로회(기장) 등이다.6) 문제는 교단에서 나오는 연금이 은퇴 후 노후 생활에 충분한 수준은 아니라는 것 그리고 각 교단별 연금/은급재단의 재정 상황이 날로 악화되고 있다는 것이다. 최근 주요 교단들이 은급 규모를 삭감하는 것으로 결의하였다. 예장통합은 은퇴목회자 연금 지급률을 향후 15% 삭감을 추진했으며7), 감리교는 은급 지급률을 약 13%(월 12만 원) 삭감하기로 하고 그 대신 국민연금 가입을 의무화했다.8) 연금이 은퇴 후 경제적 부분을 책임져 주지 못한다는 의미이다. 따라서 교단과 함께, 개인 및 교회가 은퇴를 미리 준비해야만 한다.

연금/은급 제도를 시행하지 않는 교단의 경우, 목회자의 은퇴 이후에 대한 경제적 책임은 오롯이 개교회의 몫이 된다. 그 결과, 교회가 은퇴 목회자의 생계를 위한 재정이 마련된 경우와 그렇지 못

---

6) 최근 한국기독교침례회(침례교)와 대한예수교장로회(백석)이 연금을 준비 중인 것으로 알려져 있다.

7) "예장통합, 은퇴목회자 연금 지급률 15% 삭감 추진", 국민일보 (2022.8.4.)
   https://m.kmib.co.kr/view.asp?arcid=0924257838 (2022.10.20. 접속)

8) "은퇴목사 은급비 월 12만원 삭감... 젊은 목회자 국민연금 가입 의무화", 뉴스앤조이 (2021.10.27.)
   https://www.newsnjoy.or.kr/news/articleView.html?idxno=303573 (2022.10.20. 접속)

한 경우로 나뉘게 된다. 이에 따라 그 결과는 예기치 못한 교회 내 갈등과 부적절한 사례들로 이어질 수 있다는 점에서 그 문제의 심각성이 크다. 특별히 한국교회의 전반적인 감소세와 매해 문을 닫는 교회들, 그리고 은퇴하는 목회자의 비율들이 상충함에 따라 또 다른 문제들로 연쇄적이고 확장될 위기에 놓여있다. 따라서 목회자 은퇴 보수에 대한 논의는 목회자의 은퇴 및 이후의 삶에 대하여 공교회적인 고민이 필요하다는 것을 의미한다. 동시에 불균형한 한국교회의 상황 속에서 교회의 갈등 및 분열, 목회직 양도/매매와 유사 세습, 그리고 교회 존폐 위기 등으로 이어질 심각한 상황으로 파악하고 있다. 이는 교회의 신뢰 문제와 직결된다. 또한 해당 교회의 교인들이 목회자 은퇴 시기에 발생하는 비윤리적 상황으로 인하여 실망과 충격을 겪으며 신앙의 위기로 이어질 수도 있다.

목회자 은퇴가 가져올 수 있는 위기는 교회 내부적으로는 지속적인 교인 감소와 그에 비해 줄어들지 않는 목회자 수, 그리고 목회자에 대한 인식의 변화 등이 자리한다. 또한 목회자 은퇴 보수에 미치는 외부적 요인으로는 부동산 및 물가상승 등도 영향을 미칠 것이다. 이 글에서는 목회자 은퇴를 준비함에 있어서 교회와 교단의 역할에 대하여 살피고자 한다.

2. 무엇이 문제인가: 목회자 은퇴의 긍정적/부정적 사례 분류

먼저 목회자 은퇴 보수에 관한 논의에 앞서 은퇴 시 발생하는 긍정적 그리고 부정적 사례들을 살펴볼 필요가 있다.9) 이 글에서는 목회자 은퇴가 가져올 결과를 크게 다섯 가지로 구분하고자 한다. 이를 구분할 기준은 다양하겠지만, 은퇴 시기의 목회자 입장과 교회의 입장으로 나누어 볼 것이다. 이 기준에서 볼 때 목회자와 교회 모두 만족하는 경우와 모두 만족하지 못하는 경우로 나눌 수 있을 것이다. 이를 특별히 은퇴 보수를 기준으로 했을 경우 아래와 같이 크게 다섯 가지 정도의 유형을 생각해 볼 수 있다.

유형 1. 적정한 은퇴 보수, 목회자와 교회 모두 만족함
유형 2. 부족하지만 은퇴 보수를 제공, 교회 갈등은 없음
유형 3. 부족한 은퇴 보수, 교회 갈등의 원인이 됨
유형 4. 은퇴 보수 못 줌, 이임 목사에게 권리금처럼 요구하여
　　　　받음
유형 5. 은퇴 보수 못 줌, 목회를 접고 교회를 파산함

---

9) 이를 위해서는 양적 조사도 필요하겠지만, 사례별 인터뷰를 통한 질적 연구도 제안할만하다. 이번 기윤실 프로젝트에서 조성돈 교수는 목회자의 은퇴와 맞물려 목회자와 교회가 당면하는 문제가 무엇인지 인터뷰를 진행하고 분석하는 작업을 진행했다. 교단, 지역, 교인 수, 재정 상황 등을 고려하여 인터뷰 대상을 정하였다. 구체적으로 세분화하긴 어렵지만, 연간 예산이 1억 원 미만인 교회들을 대상으로 하고 그 이상의 교회는 대상에서 제외하는 편이 좋을 것이다.

1) 적정한 은퇴 보수, 목회자와 교회 모두 만족함 (유형 1)

먼저 <유형 1>의 경우, 적정한 은퇴 보수/사례에 대한 추가 논의는 필요하겠지만, 일단 목회자와 교회가 모두 만족한 경우이므로 본 논의에서는 배제하기로 한다. 추후 <유형 1>의 사례들은 은퇴 보수/사례에 대한 평균적인 수준이나 기준을 도출하기 위한 조사 자료로서의 가치는 있다고 보인다.

2) 부족하지만 은퇴 보수를 제공, 교회 갈등은 없음 (유형 2)

<유형 2>는 교회에서 목회자에게 은퇴 보수를 제공하지만, 불충분한 경우를 생각해 볼 수 있다. 하지만 교회 내 갈등은 없을 수 있다. 목회자가 교회의 재정적 상황을 이해하고 부족한 보수임에도 만족하기로 한 경우에 속한다. 이런 경우는 은퇴 목회자에게 재정적 상황보다는 교회와의 관계가 더 중요하며 목회자 자신도 명예가 더 소중하게 여기기 때문이다. 하지만 이 유형은 겉으로는 은혜로워 보일지 몰라도 목회자 개인에게 희생과 책임을 과중하게 묻는 것과 같아서 또 다른 부작용을 낳을 수 있다. 목회자가 자발적으로 부족한 보수에 만족한 것이라기보다는 어쩔 수 없이 받아들인 결과일 가능성도 있다. 또한 은퇴 당시에는 수긍했을지라도 이후 경제적인 어려움으로 인한 어려움과 후회 등으로 이어질 수도 있다. 따라서 이 유형의 경우, 목회자 개인이 은퇴 이전부터 목회자와 교회가 은퇴 자금을 마련하는 것을 의무화함으로써 개선될 수 있겠다.

3) 부족한 은퇴 보수, 교회 갈등의 원인이 됨 (유형 3)

<유형 3>은 교회에서 목회자에게 은퇴 보수를 불충분하게 제공하고 이것이 교회 갈등으로 이어지는 사례들에 해당할 것이다. 은퇴 보수 연구가 필요한 가장 직접적인 배경이 된다. 앞서 언급한 대로 목회자의 은퇴는 목회자 한 개인의 은퇴가 아니라 교회 공동체와의 관계, 리더십 이양, 사회적 요구나 윤리적 기준에 따라 교회의 신뢰도에도 영향을 미치는 사안이다. <유형 3>의 원인으로는 (쉽게 예상하듯이) 교회의 열악한 재정 상태를 떠올릴 수 있다. 한국 교회의 절반 가까이가 미자립교회에 해당하고, 교인 수 100명 이하의 교회가 60%인 상황을 고려한다면 다수의 교회가 재정적 어려움으로 인해 목회자 은퇴를 기점으로 갈등의 위기에 놓일 수 있다는 추론이 가능하다. 즉, 목회자 은퇴로 인한 교회 갈등의 문제는 소수 교회의 문제가 아니라 한국교회 다수에서 발생하는 사안이며, 특히 작고 평범한 보통의 교회들에서 나타나는 현상이기에 더 중요하게 다뤄져야 할 필요가 있다.

4) 은퇴 보수 못 줌, 이임 목사에게 권리금처럼 요구하여 받음 (유형 4)

넷째로 <유형 4>는 교회가 은퇴 보수를 줄 형편이 안 된다는 판단하에 목회자 은퇴 보수를 교회가 아닌 이임 목회자에게 요구하는 경우이다. 적게는 몇천만 원부터 많게는 수억에 이르기까지 금액을 요구하는데, 목회자의 필요에 따라 결정되기보다 교회 규모(재정 상황)에 따라 정해지는 경우가 많다. 마치 상가를 사고팔 때 이전 가게의 매출액 규모에 따라 권리금을 정하는 것과 유사하다. 이 수상한 거래가 목회자 간에 직접적으로 이뤄지는지 혹은 교회에 헌금하는 방식으로 이뤄지는지는 큰 의미가 없다. 물론 위법성 여부도 따져야 하겠지만, 근본적으로는 담임목사직을 사고파는 것은 신학적으로나 윤리적으로 심각한 문제이다. 목회자 자질이나 소명이 훌륭해도 '권리금'을 가져오지 못하면 담임목사가 될 수 없다는 웃지 못할 촌극이 벌어지고 있다. 이 문제의 심각성은 은퇴를 앞둔 목회자와 해당 교회는 현실이라는 이유로 후임 목회자를 선정하는 과정에서 '권리금'을 요청할 수밖에 없는 처지에 놓여있다는 데 있다. 옳고 그름의 문제보다 현실이 우선되고, 문제임을 알고 있지만 처한 처지가 비슷한 목회자나 교회들은 서로를 눈감아 주기도 한다. 자신들의 상황에 비하면 대형교회의 목회자들은 말도 안 되는 금액을 은퇴 보수/예우로 받는 것을 손가락질함으로써 애써 자기 합리화를 하는 것이다.

5) 적정 은퇴 보수 못 줌, 목사가 교회를 처분함 (유형 5)

마지막으로 <유형 5>의 경우는 목회자가 목회자에 의해 사유화되는 경우로 볼 수 있는데, 교회의 부족한 재정 상태로 인하여 목회자 개인의 생계를 위하여 스스로 목회를 그만두고 교회에 속한 저축예금이나 건물 보증금 등을 처분하여 스스로 은퇴 자금을 마련하는 경우이다. 이에 대한 윤리적 평가와는 별개로, 교회 자체를 파산

67

한 경우를 목회자 은퇴 사례/보수의 연구의 대상으로 다루기에 다소 불필요해 보인다. 이런 사례가 실제 얼마나 일어나는지에 대한 조사도 그 성격상 계측되기 어렵다는 한계도 존재한다. 목회자 스스로가 교회를 접는다는 것은 각각 경우마다 다르겠지만, 통상적으로 매우 힘든 결정일 것이다. 이런 결정을 주변이나 교단에 알리기도 어렵고, 또한 교회 재산을 누구의 소유로 할 것인지는 또 다른 복잡한 요인이 될 것이다.[10]

3. 불안한 현실, 개인(교회)의 몫으로만 놔두면 안 된다

그동안 목회자 은퇴와 관련한 논의의 초점은 주로 교단의 은급 제도를 개혁하거나 목회자 개인의 몫으로 미루는 형태였다. <유형 2>와 <유형 3>은 겉으로는 달라 보이지만 현실적으로 문제의 해결을 개교회에 맡기도 있다는 점에서는 동일하다. 교단별 은급 제도의 개선이 불필요하다는 것이 아니라, 은급 제도가 있다고 해도 이를 제대로 활용하지 못하는 경우가 다반사이다. 보통 은급 제도는 목회자 개인이 부담하거나 교회와 공동으로 부담하는 경우로 나눌 수 있는데, 재정 형편이 부족한 작은 교회들의 경우 이 금액도 상당히 부담되기 마련이다. 당장 교회 재정(예를 들어, 건물 임대료 등)이

---

10) 교회 재산에 대한 소유권을 교단이 가지고 관리하는 경우와 개교회가 관리하는 경우로 나눌 것이다. 전자의 경우, 목회자가 독단적으로 교회를 파산하는 것이 법적으로 금지되겠지만, 문제는 그렇지 않은 경우에서 발생할 수 있는 지점이라는 것도 간과하지 말아야 한다.

어려운데 은퇴는 먼 미래의 일이기에 우선순위에서 밀리기 마련이다. 애초에 목회자의 급여에는 퇴직연금이 자동으로 포함되어야 하지만, 다수의 소형교회에서 목사들이 받는 월급은 당장 생활비로도 부족하다. 그러니 노후(은급)는 당장 가정을 돌보고 자녀들을 먹이는 일에서 밀릴 수밖에 없다. 결국, 나의 노후란 교회의 부흥에 기댈 수밖에 없는데 한국 사회의 인구감소와 교인 수 감소라는 큰 물결을 거슬러 오르기란 여간 힘든 일이 아닐 수 없다.

현재로선 목회자 은퇴를 목회자 개인의 책임으로 과중하게 돌리는 경향이 있다. 작은 교회들이 재정적으로 형편이 어려운 건 대동소이하다. <유형 2>와 같이 교회 재정이 부족해도 갈등이 없었던 것은 오로지 목회자의 인정과 수용의 결과이다. 목사는 교회 형편을 누구보다 잘 알기 때문에 수용한 것이지 이것이 목사로서 가져야 할 당연한 선택은 아니다. 관점을 달리 말하면, 직장인에게 회사 사정이 어려우니 퇴직금을 받을 권리를 포기하라는 것과 같다. 하지만 목사라는 특수성 때문에 이를 당연시하는 인식과 문화가 자리한다. 문제는 여기서 발생한다. 목회자마다 처한 현실(개인 자산, 친인척, 가족 구성, 주거지역 등)이 다르기 때문에 어떤 목회자는 은퇴 보수가 부족해도 이외의 대안이 있을 수도 있다. 반면에 어떤 목회자는 적정한 은퇴 보수가 꼭 필요한 상황일 수도 있다.

남겨진 교회 입장에선 목회자가 과욕을 부린다고 생각할 수 있다. 목회자를 떠나보내고 어려운 재정 형편을 떠안은 채 운영을 이어가야 할 교회의 입장도 충분히 이해가 가는 상황이다. 그러니 꼭 교회를 욕할 수도 없다. 교회 재정이 충분했다면 어느 교회도 이런 일로 불화를 만들지 않을 것이다.11) 문제는 현재도 교회가 어렵고 앞으로도 어찌 될지 모르는데 (더구나 숙련되고 안정적인 리더십이 은퇴 하는 상황이니) 목회자의 은퇴로 지출할 수 있는 금액은 상당히 제한적일 수밖에 없다.

이런 경우, 목회자와 교회 상호 간에 합의가 필수적인데 "적정한 목회자 은퇴 보수"에 관한 연구나 어떤 판단 기준이 거의 없다는 것이 가장 큰 문제이다. 목회자의 은퇴 보수가 당연한 권리인가 아니면 상황에 따라 줄 수도 있고 안 줄 수도 있는 예우의 문제인가부터 이해가 다르다. 필자는 교회가 사전에 목회자 은퇴 보수에 대해 계획하고 준비해야 한다는 입장이다. 목회자도 가정을 책임지고 생계를 꾸려가야 하는 것은 마찬가지인데 목회자라는 이유로 무조건적인 희생을 요구하는 것은 옳지 않다. 그것은 신앙이 아니라 '강요된 청빈'일 뿐이다.12) 더구나 목회자가 은퇴한 후에는 생계가 막막한데 이를 사전에 준비하지 않고 당장 교회 형편에 따라 지급의 여부와 지금 금액의 기준을 달리하는 것은 '목회자'의 기본 권리에 대한 이해가 일반 사회 수준보다 못하다는 뜻이 된다. 목회자이기에 경제적 풍요를 추구하지 않는 것이지, 현실적 필요 자체가 없다는 뜻은 아니다.

---

11) 다시 말하지만, 우리는 작고 평범한 교회들을 이야기하는 중이다. 사회적 상식을 넘는 과도한 은퇴 목회자 예우는 높은 윤리적 기준에 비추어 비판의 대상이 되어야 옳다.

12) 다수의 목회자들이 겪는 경제적 어려움과 관련해서는 정재영, 『강요된 헌신』 (고양: 이레서원, 2019)을 참조하라.

현실을 무시하면 탈이 난다. 은퇴 후 삶에 대한 걱정은 목회에 집중할 수 없도록 하고 예기치 못한 부작용들을 양산한다. 목회자의 열악한 형편은 우선 목회자 가정에 부정적 영향을 줄 수 있다. 이로써 목회자 자신도 목회에 집중할 수 없으니 교회로서도 손실이다. 목회자의 자녀는 부모를 원망하거나 목회자로 사는 삶에 대해 부정적인 인식을 갖게 되고, 나아가 신앙과 교회에 대한 불신이 생길 수 있다. 소위 PK 문화는 한국교회의 가장 큰 모순 중 하나이다. 마지막으로 목회자 은퇴 문제는 미래의 목회자 후보생들에게도 영향을 줄 수 있다. 자신의 모교회에서 영적 스승이자 멘토였던 목회자의 은퇴 장면은 향후 목회자를 꿈꾸는 사람들에게 상당한 영향을 미칠 것이다. 매우 복잡한 요인들이 작용하겠지만, 목회적 소명을 가진 사람들이 교회의 규모나 상황에 구애받지 않고 성실히 목회할 수 있으려면 최소한의 생활이 보장되어야 한다. 그런데 현재의 상황은 큰 교회 목회자와 작은 교회 목회자의 처우와 생활수준의 격차가 너무 크다. 이런 불안정하고 불평등한 상황은 목회라는 본연의 소명보다 어떻게 하면 큰 교회에서 목회할 수 있을지만 생각하도록 만드는 부작용을 낳게 한다.

이런 사고는 결국 신자유주의 체제와 유사함을 알 수 있다. 교회는 그리스도의 몸된 공동체로서 한 몸 한 지체인데, 현실은 '각자도생'하는 경쟁의 장이 되어 버렸다. 목회자가 소명을 달성함이 작고 연약한 자를 섬기고, 이름도 없이 빛도 없이 섬기는 데 있다고 여기며, 세상의 기준에 의해 좌고우면하지 않고 오직 하나님 앞에서만

신실한 삶을 추구하는 모습으로 드러나야 선한 영향력이 드러날 수 있을 것이다. 하지만 현재 상황은 목회자의 소명 추구보다 어떤 규모의 교회에서 사역하느냐에 따라 그 처우가 극명하게 다르며, 이를 자연적인 경쟁과 생존의 문제로 방치하고 있다. 그러니 강한 자는 살아남고 약한 자는 도태되는 원리에 따라 능력 있는 사역자들이 대형교회를 향해 올라가려고 애를 쓰기도 한다. 하지만 현실은 대형교회에서 목회하는 것이 오로지 개인의 '능력'에 의해서 이뤄지는 것도 아니다. 개인의 능력이 목회적 자질이 아니라 인맥과 친분에 의해 결정되는 경우도 종종 발견된다. 소위 대형교회에 갈 수 있는 사람들은 이미 결정되어 있다는 자조적인 농담은 목회자란 소명에 의한 동기보다 경쟁에 의해 작동되고 있으며, 그 안에서도 보이지 않는 계급이 형성 및 유지되고 있음을 보여준다.

최근 능력주의(meritocracy)에 대한 비판적 논의의 배경은 신자유주의 체제가 가진 장점보다 단점이 더 많다는 판단 때문이다. 현대 사회가 불평등 문제에 관심을 기울이는 이유는 개인의 능력으로만 공정한 결과(행복)를 예측할 수 있는 구조를 넘어섰기 때문이다. 쉽게 말해, 아무리 노력해도 경제적 간극을 좁히기 어렵다는 의미이다. 이런 경우, 사회 구성원은 개인의 노력 가치를 더 이상 신뢰하지 않게 되고 변칙적인 수단을 강구하게 된다. 경쟁이 더 이상 서로에게 동기부여로 작동하여 사회 전반의 능력 향상에 도움이 되지 않고, 사회 전반에 대한 불신이 높아지고 비정상적(혹은 비윤리적) 수단에 눈을 돌리게 된다는 경고이다. 비슷한 맥락에서, <유형 4>

는 은퇴 후의 생계가 보장되지 않는 상황에서 만들어진 변칙적인 방식에 해당한다.

4. 심화 질문: 목회자 은퇴 준비, 무엇이 얼마나 필요할까?

앞서 한국교회를 그 예산 규모에 따라 미자립, 자립, 지원 세 그룹으로 나누었다. 미자립교회는 연간 3,500만 원 이하이고, 자립교회는 3,500만 원에서 1억 미만, 지원교회는 1억 이상이다. 한 해 예산 1억 원 이상의 지원교회는 교회가 미리 준비한다면 어느 정도의 은퇴 자금을 마련해줄 능력이 있을 것이다. 하지만 여기에는 적정 수준의 은퇴 자금이란 얼마인가에 대한 다양한 시선이 존재할 것이다. 이 부분은 개 교회의 상황마다 상이할 것으로 교단 및 교회의 상황마다 신중한 논의와 지혜가 필요해 보인다. 반면, 미자립과 자립교회를 경우엔 목회자 은퇴가 가져올 경제적 부담이 개인뿐 아니라 교회에도 상당한 부담이 된다는 것만큼은 확실하다. 이 부분에 대한 고민을 현실화하기 위해서는 어느 정도의 기준이 필요할 텐데 근로자 평균 소득을 기준으로 살펴보고자 한다. 하지만 이 금액의 기준은 기본 월급 외 다른 상여금은 고려하지 않았으며, 개인마다 최소 필요한 지출의 차이, 예를 들어 가족 구성원이나 지역간의 격차 등은 제외한 단순한 수치임을 밝힌다. 이 글의 목적은 '이 정도 금액이 기준이 되어야 한다'는 것에 방점을 두는 것이 아니라 '개인 및 교회가 은퇴 자금을 준비하려면 최소한 어느 정도 재정을 어느 기간 동안 준비해야 할까'를 구체적으로 고민할 수 있는 자료로서 도움을 제공하는 데 있다. 먼저, 다수의 작은 교회(자립교회와 미자립교회)의 경우부터 살펴보자.

1) 목회자의 낮은 소득과 불평등

목회자 은퇴와 관련하여 부작용을 줄이려면 목회자 은퇴 시기에 필요한 은퇴 보수에 대한 준비가 필요할 것이다. 이를 위해서는 목회자와 교회 간의 합의가 필요한데, 여기에 대한 기준이 천차만별이라 각각의 입장이 상이할 경우 조율이 쉽지 않다. 은퇴 후 경제적 필요는 상이할 것이고 교회가 이를 수용하는 정도도 교회의 상황별로 다를 것이다. 따라서 일종의 목회자 은퇴 보수에 대한 적정한 기준이 필요해 보인다. 이 금액은 모든 교회에 이 정도 금액의 은퇴 보수를 주어야 한다는 뜻이 아니라, 구체적인 논의와 준비를 하려면 어느 기준점이 필요한 까닭이다.

2021년 고용노동부 자료에 따르면, 우리나라 근로자의 평균소득은 월 327만 원이고, 이중 정규직은 월 '379만 원, 비정규직은 168만 원으로 집계되었다.[13] 반면에, 한국교회 목회자의 소득은 월 176만 원으로 절반을 조금 넘는다.[14] 이 가운데 지역별 소득 차는 특정 지역이나 중소 도시에서 더 낮아진다. 목회자 소득에 가장 큰

---

13) 고용노동부, 「고용형태별근로실태조사」 참조.
14) 한국기독교목회자협의회, 『(1998-2018) 한국 기독교 분석 리포트: 2018 한국인의 종교 생활과 의식 조사』 (서울: 도서출판 URD, 2018), 588-589 (정재영, 『강요된 헌신』 (고양: 이레서원, 2019), 23 재인용)

영향을 미치는 것은 교회 규모이다. 교인 수 300명 이상의 교회의 경우, 목회자의 월 소득은 315만 원인데 반해, 100-300명 미만은 202만 원, 50-100명 미만은 185만 원으로 큰 차이를 보인다. 특히 50명 미만의 교회의 경우, 목회자의 평균 소득은 월 124만 원으로 상당히 저조하다.[15] 정재영은 이 조사에 응답하지 않은 교회의 형편은 더 좋지 않을 것이며, 개척교회나 이중직 여부, 가족의 기타 수입 등도 고려해야 하겠지만 전반적으로 목회자의 경제적 형편은 교회 규모가 작을수록 심각한 생활고에 노출되어 있다고 분석했다.[16]

2) 적정한 은퇴 보수를 위해서는 얼마가 필요한가

은퇴 보수의 적정선을 산출하기 위해서는 크게 재직 일수, 월 기본급과 기타 수당, 연 상여금과 연차 수당 등이 필요하다.[17] 이 글의 초점이 작은 교회란 점을 상기할 때, 목회자의 퇴직금을 산정하기 위한 급여의 기준을 어디에 잡아야 할지 결정이 쉽지 않다. 낮은 소득에 맞춘다면 현실을 반영하기에는 좋겠지만 현재로도 낮은 목회자 급여가 정당화되는 것 같아 주저된다. 국가에서는 노동자의 최소한의 권리로서 최저임금제를 실행하고 있는데 다수의 목회자가 이 기준에 못 미치는 대우를 받고 있다는 점은 진지한 성찰이 필요

---

15) 위의 책, 590.
16) 정재영, 『강요된 헌신』, 24-25.
17) 고용노동부는 자신의 퇴직금을 간편하게 계산하도록 홈페이지에서 안내를 하고 있다. 다음의 웹사이트를 참조하라.
　　https://www.moel.go.kr/retirementpayCal.do

하다. 그렇다고 교회 형편이나 차이를 고려하지 않고 목회자 급여 기준을 높이 상정한다고 해서 크게 달라지는 것도 아니다. 한국교회 절반 이상이 미자립교회이고 60%가량이 100명 미만의 작은 교회라는 점은 변하지 않는다.

이 글에서는 목회자 평균소득인 월 176만 원과 근로자 평균소득인 월 327만 원 중간값인 250만 원을 기준으로 삼으려고 한다. 이는 담임목사의 기본급과 기타수당을 포함한 전체 급여를 말한다. 편의를 위해 상여금 계산은 제외하고 기본급여를 기준으로만 계산한다. 여기에 재직기간은 20년으로 가정한 후, 일반적인 퇴직금을 계산하면 다음과 같은 결과가 나온다.

월 평균급여 = 250만 원
총 재직일수 = 7,670일
1일 평균임금 = 약 81,521원
퇴직금 = 1일 평균임금 x 30(일) x (재직 일수/365)
51,392,198원 = 81,521 x 30 x 7670/365

쉽게 말해, 월 급여 250만 원을 받는 목회자가 20년 재직 후 은퇴할 경우 직장(교회)은 퇴직금으로 약 5천만 원을 지급해야 한다는 것이다. 이 금액은 자립교회의 경우 1년 예산의 절반이 필요하기 때문에 한 번에 지출하는 것은 부담이 된다. 따라서 미리 퇴직금을 준비할 필요가 있다. 목회자의 은퇴 시기 10년 전부터 퇴직금을 비축한다고 가정할 경우, 1년에 500만 원, 한 달에 약 41만 원 가량 추가 예산이 필요하다. 빠듯한 재정 상황이겠지만 1년 예산의 5% 정도를 목회자 은퇴 시기를 대비하는 현명한 방법일 것이다. 문제는 자립교회를 연 예산 3,500만 원부터 1억 미만으로 구분하고는 있지만, 교회별 예산 규모는 상이하며 같은 자립교회라고 해도 미자립교회와 재정 상황이 크게 다르지 않다는 점을 고려할 때 개교회가 오롯이 퇴직금을 준비하기란 어려울 것으로 예측된다.

미자립교회의 경우 상황은 더 심각하다. 퇴직금 5천만 원이란 금액은 미자립교회 1년 예산 3,500만 원의 1.4배에 해당하는 금액이다. 만약 미자립교회가 목회자 은퇴 시기 10년 전부터 퇴직금을 비축한다고 해도, 전체 예산의 14%에 해당하는 부담스러운 금액이 아닐 수 없다. 더구나 대부분의 미자립교회 목회자는 월 176만 원보다 적게 받거나 이마저도 정기적으로 받지 못하는 경우가 많다.[18] 이 금액을 목회자의 퇴직금으로 비축해야 한다는 것은 부족한 재정 형편에서는 거의 불가능에 가깝다. 따라서, 교단이 미자립교회를 지원할 때 은퇴 보수와 관련한 예산이 추가 책정되어야 한다.

이 부분은 아무리 강조해도 지나치지 않을 것이다. 이는 규모의 문제라기보다는 의지(가치)의 문제에 가깝다. 예를 들어, 구세군교회

---

18) 정재영, "소형 교회 현실의 의미와 전망", 21세기교회연구소·한국교회탐구센터, 『소형 교회 리포트』,(세미나 자료집, 2017.12.01), 145. 정재영은 소형교회 목회자의 현실을 조사하고 그 결과에 대해, 전체 응답자 중 정기적으로 급여를 받는 경우는 70.4% 밖에 되지 않으며, 나머지 21.4%는 사례비를 받지 않으며, 8.3%는 부정기적으로 급여를 받는다고 밝힌다. (정재영, 『강요된 헌신』, 25 재인용)

는 현역 시절 특별한 본인 부담금 없이도 은퇴 후 봉급의 80%를 평생 지원하는 연금제도를 실시하고 있다. 또한 은퇴 후 은퇴사관을 위한 건강과 경조사, 목회자 모임 등을 교단 차원에서 관리하고 있다. 하지만 문제도 존재한다. 큰 규모의 재정을 연금/은급재단의 경우, 각종 비리와 횡령, 투기와 손실 등의 위험성에 노출되어 있음을 간과해서는 안 된다. 이는 끊임없는 감시와 투명성 제고를 위한 제도 개선의 노력이 뒷받침되어야 할 부분이다. 그럼에도 불구하고, 이런 이유로 목회자 은퇴에 대한 경제적 준비를 개인과 교회에만 부담을 안기는 방식은 교단이 마땅히 가져야 할 공교회적 책임을 회피하는 것일 수 있다.

은퇴 목회자의 노후 특히 경제적 부분은 개인이나 개교회의 노력만으로는 제대로 대비할 수 없다. 이 문제를 교단 차원에서 준비하고 대비하지 않으면, 이로 인해 겪어야 할 어려움은 오롯이 개인과 교회에게로 향한다. 평생을 목회에 헌신하고 교회를 섬겼는데 그 이후를 나 몰라라 해서는 안 될 것이다. 각 교단은 향후 목회자의 은퇴를 준비하기 위한 구체적 준비모임과 연구 조사, 그리고 그에 맞는 제도적 변화가 필요하다. 또한 교회가 퇴직금을 미리 준비할 것을 목회자 개인 및 교회를 대상으로 교육해 나갈 필요가 있다. 교단별 목회자 은퇴 수요와 필요를 조사하고 실제 목회자와 교회 사이에서 적정한 은퇴 보수를 위한 사전 준비 과정을 교육하고 조정하는 역할을 담당하는 부서/기관이 필요해 보인다.

3) 적정한 은퇴 보수에 대한 다양한 시선

어느 정도 규모의 교회는 교단 연금/은급제도가 아니더라도 교회 자체적으로 목회자의 은퇴 보수를 지원해 줄 수 있을 것이다. 일반적으로 한국교회는 원로목사에게는 교회에서 생활비를 지급하고 있고, 그렇지 않은 경우엔 교회의 형편에 따라 은퇴 보수를 책정한다. 재정적으로 충분한 경우라면, 교회에서 일정 수준의 은퇴 목회자에게 대우를 고민하고 지급할 것이다. 하지만 보통의 경우는 거액의 은퇴 보수를 결정하는 것은 쉽지 않은 일이다. 한 은퇴 목회자의 사례를 들어보자.[19] 이 은퇴 목회자인 A 목사는 자신이 시무했던 교회의 연 예산이 3억 정도이며, 해당 교회에서 14년을 목회하고 은퇴했다. 이 경우, A 목사가 받은 은퇴 보수는 다음과 같다.

10년 간 교회에서 적금: 7천만 원

은퇴 예우 퇴직금: 1억 (마지막에 교회에서 결정)

은퇴 교회: 매달 50만 원 교회에서 지급(10년에서 종신으로 조정)

교단연금: 월 76만 원

국민연금: 월 40만 원

---

19) 이 사례는 지난 2022년 11월 25일 한국기독교실천운동(기윤실)이 주최한 "한국교회 신뢰회복 프로젝트: 한국교회 목회자 은퇴 시스템을 생각하다" 발표회에서 조성돈 교수 발표 내용인 "한국교회 뇌관: 은퇴" 부분을 참조한 것이다.

A 목사는 교회에서 마련해 준 목돈(1억 7천만 원)으로 전세금을 마련했다. 그리고 교회, 교단, 국민연금을 합쳐서 월 170만 원 정도의 한 달 생활비를 받는다. "그래도 살 만 하다." A 목사는 인터뷰 내내 "괜찮더라고요"라는 말을 몇 번이고 반복했다고 한다. 그 정도면 충분한지 좀 모자란다고 느끼지 않느냐는 질문에는 다음과 같이 답하였다.

근데 우리가 내려놓으면 돼요. 괜찮더라고요. 굶어 죽지 않고, 그냥 그래도, 사람 노릇하고 살더라고요. 해도 뭐 할 거 하고. 너무 돈돈 안 해도 괜찮아요.[20]

목회자 은퇴를 준비하는 부분 중에서 가장 어렵고 현실적인 문제가 경제적인 부분임은 부인하기 어렵다. 현실적으로 돈이 많고 적고 문제도 그렇지만, 어느 정도의 금액이 적정한가에 대한 기준 마련이 어렵기 때문이다. 누군가의 눈에는 충분해 보이지만, 누군가에게는 적은 금액일 수 있다. 어느 교회엔 합리적일 수 있지만, 어느 교회엔 상당히 부담스러운 금액일 수 있기 때문이다. 은퇴 목회자에 대한 성도들의 입장이나 관점도 상이할 수 있다. 평생을 헌신한 목회자의 은퇴 및 노후를 위해 교회가 당연히 부담과 책임감을 가져야 한다고 믿는 사람이 있는가 하면, 현재 교회 사정도 어렵고 또 성

20) 위의 글, 29-30.

도 개개인도 다 힘들고 불안한 미래에 고생하는 건 마찬가지인데 과하다는 생각도 가능하기 때문이다.[21]

따라서, 목회자 은퇴 매뉴얼을 고민할 때, 진짜 우리의 관심은 돈이 아니라 은퇴 보수에 대한 적정선에 대한 교회와 사회에서의 공감대를 형성하는 것일지도 모른다. 이는 은퇴 목회자에 대한 처우일 뿐 아니라 작고 힘없는 교회에 대한 공교회적 책임에 이르는 신학적이고 윤리적인 문제와 깊숙이 연결되어 있기 때문이다.

5. 목회자 은퇴 준비, 누구의 몫인가

마지막으로 우리가 꼭 짚고 넘어가야 할 질문이 있다. 목회자 은퇴 준비는 누구의 몫인가? 오로지 개인과 교회가 감당해야 하는 것인가? 현실적으로 가능하긴 한 것일까? 벼랑 끝에 몰려 당장이라도 떨어질 것 같은 사람에게 '그건 너 스스로 해야 할 일이니, 알아서 해결해!'라고 말한다면, 그 사람을 내 손으로 직접 미는 것만 다를 뿐 떨어지도록 방치하는 행위와도 같다. 국가는 취약 계층에게 최소한의 권리를 보장하려고 노력하지만, 이마저도 시장과 자본의 논리로 선택적이고 부분적이며 제한적이다. 교회는 어때야 할까?

---

21) 위의 글. 30-32.

1) 국가, 개인, 그리고 교회

오근혜와 황인태(2020)는 개신교 목회자의 은퇴 및 노후 준비의 필요성을 다루면서 국내 주요 교단의 은급 제도와 해외 교단의 사례를 비교하고 있다. 이와 함께, 교단 외부의 제도(국민연금, 직장연금, 개인연금 등)의 활용 가능성에 대해 제안한다.[22] 오근혜와 황인태의 제안에 담긴 함의는 목회자 은퇴에 대한 교단별, 국가별 정책이 다르다는 것을 보여준다. 이는 한국교회가 목회자 은퇴에 대한 공교회적 합의나 적정한 기준이 없음을 인정하는 것이다. 더구나 개교회별 상황은 편차가 더 크기 때문에 어떤 일반적인 대안이 불가능해 보인다. 게다가 장기화된 교세 감소와 은급 재정 건강성의 약화 등으로 교단이 개인 목회자의 은퇴를 책임질 수 없는 지경에 이르렀다는 판단이 자리한다. 그 결과, 목회자 개인의 노후 준비를 교회가 아닌 공공연금이나 개인연금을 통해 스스로 준비해야 한다는 결론에 이른다.

이러한 현실적 판단에 동의하면서도 이 문제에 대한 공교회적 대안은 없는 것인지 되묻게 된다. 왜냐하면 목회자 개인이 스스로 준비하려면 무엇보다 우선 목회자의 보수가 적정한지부터 살펴야 하기 때문이다. 일정 규모 이상의 교회에서 시무한 목회자라면 평소부터 은퇴 후 경제적 삶에 대해 대비할 여력이 있겠으나, (반복적으로 강조하지만) 한국교회 다수의 목회자가 당장의 생활비조차 충분히 받지 못하는 현실에서 은퇴 후 노후를 대비한 경제적 준비를 개인

---

22) 오근혜 & 황인태, "목회자의 경제적 노후준비에 관한 실태 및 개선방안에 관한 고찰", 「로고스 경영연구」 18 (2020), 1-22.

이 감당할 여력은 희미해 보인다.

따라서, 개인적 준비와 함께 목회자 은퇴 문제를 한국교회가 함께 책임져야 할 공동의 문제이고 총체적인 접근이 필요하다. 이와 비슷한 맥락에서, 2022년 5월 감리회 목회자 모임인 '새물결'은 "목회자 생활보장제도"를 주제로 세미나를 열었다. 다른 교단들에 비해 비교적 목회자의 생계 및 은퇴를 제도적으로 잘 지원한다고 평가받는 루터교, 성공회, 기장의 사례를 소개했다. 이 세미나는 비록 교단의 교세는 작지만 목회자의 은퇴를 제도적으로 준비하고 지원하는 사례들과 필요성을 잘 다루었다. 특히 은퇴 후 주거 문제와 최저생활 보장제도와 같은 경제적 부분을 한국교회와 각 교단이 공교회적 차원에 접근해야 한다는 의견에 공감대를 이루었다.[23]

2) 공교회적 신앙 고백

'성령을 믿사오며 거룩한 공회와 성도가 서로 교통하는 것과'

한국교회가 주일예배 때마다 함께 고백하는 사도신경은 공교회(公教會)로서 우리의 신앙을 기억하고 우리가 누구인지를 상기시킨다. 교회는 그리스도의 몸된 지체로서 한 성령 안에서 하나 되었으며, 각기 서로 다른 지체로서 감당한 역할이 다르고 처한 상황이

---

23) "목회자 최저생활보장, 공교회성 회복의 첫걸음", 아이굿뉴스 (2022.6.7.) https://www.igoodnews.net/news/articleView.html?idxno=69920 (접속 2022.10.15.)

다를 수는 있어도, 교회는 모두 하나이다. "성령을 믿는다는 고백은 예수께서 제자들에게 약속하신 선물, 즉 보혜사 성령이 우리(교회)와 함께 한다는 것(마28:18-20)을 믿는 것이다. 하나님의 사귐과 소통이 성령으로 말미암아 하나님과 인간 사이는 물론, 성도와 성도 간의 사귐과 소통을 가능케 하고(고후13:12-13), 때로는 하나님의 사명을 감당케 할 능력을 주신다는 것(고전12:4-6)을 믿는 것이다. 무엇보다 교회는 성령 안에서 하나임(엡4:3-4)을 고백하는 것이기도 하다."[24]

"이어지는 '거룩한 공회'(the Holy Catholic Church)와 '성도가 서로 교통하는 것'(the Communion of Saints)을 믿는다는 것은 교회란 하나의 거룩하고 보편적인 특성을 가지며 각 지체들은 성령 안에서 연결되어 있는 유기적 공동체임을 보여준다. 먼저 교회의 본질은 하나님의 거룩하심을 좇아 거룩해야 한다. 거룩함이란 교회의 정체성이자 존재의 목적이다. 세속에 물들지 않으며, 세상의 권력에 저항하고, 정의와 평화를 실천하고 이로써 가난하고 약한 자들에게 복음을 삶으로 실천하는 사명으로 '부름 받은 자'(ecclesia)들을 일컫는다. 또한 교회는 유기적인 공동체로서 성만찬을 통하여 예수 그리스도를 기억하고 따르는 기억의 공동체이자, 함께 만나고 보듬어 주는 사귐의 공동체임을 나타낸다고 하겠다."[25]

---

24) 김상덕, "공교회를 찾아서: 빈(空) 교회가 아닌, 모두(共)의 교회로", 복음과상황, 365호 (2021년 4월호).
   http://www.goscon.co.kr/news/articleView.html?idxno=40385 재인용.
25) 위의 글.

3) 작은 교회 목회자도 소중한 교회의 일부

공교회성에 대한 논의가 반복됨에도 여전히 중요한 이유는 그것이 교회의 본질이기 때문이다. 본질이라는 것은 그 특성을 잃었을 때, 더 이상 교회의 정체성을 잃는 것을 말한다. 우리(한국교회)가 진심으로 사도신경을 우리의 신앙고백으로 고백한다면, 목회자 은퇴로 말미암아 작은 교회들이 겪고 있는 어려움을 서로 돌보아 살펴야만 할 것이다.

목회자도 교회의 한 몸된 지체 중 일부이다. 오랜 역사에서 성직자의 과도한 권위에 저항해 왔던 개신교회의 역사는 만인이 제사장으로서 평등함을 믿고 실천해 왔다. 이는 목회자만 특별하게 거룩한 것이 아니라 성도인 우리 모두가 하나님 앞에서 거룩해야 한다는 뜻이다. 그런데 한국교회에서는 목회자를 여전히 특별한 지위와 계급을 부여하고 별도의 윤리적 기준을 가지고 비윤리적으로 대한 것은 아닌지 돌아볼 필요가 있다. 목사니까 비인간적인 헌신을 당연시하거나 가난을 강요하지 않았는지 점검할 때이다.

또한 그리스도 안에서 한 몸으로서의 공교회성이 어느새 '크고 성공한 교회'와 '작고 실패한 교회'로 경계를 구분하고 경쟁이라는 현실에서 살아남으려면 각자도생의 길 외에는 달리 방법이 없는 것처럼 포기 아니 회피하고 있진 않았는지 고민해야 한다. 특히 미자립교회와 준미자립교회의 경우, 이들이 처한 경제적 어려움, 불평등, 구조적인 문제들이 산적한데 이를 개인과 개교회가 스스로 해결하라는 것은 무책임한 행동이다. 또한 자립교회라 하더라도, 목회자의 보수에 대한 인식의 전환이 필요하다. 현재의 급여나 상여금과 함께 은퇴 이후의 삶에 대한 고민을 교회는 물론 교단 차원에서 적극적으로 나서야 할 때이다. 한국교회의 힘만으로 해결할 수 없다면 사회와 국가 차원의 제도를 적극적으로 활용하는 것도 고려해 보아야 한다. 마지막으로 목회자 교육 과정 속에서 재정에 대한 이해를 높이는 교육이 필요하다. 목회를 시작하면서부터 현실적인 준비를 할 수 있도록 해야 하는데, 이는 목회자 교육과 교회를 대상으로 하는 교육이 함께 이뤄질 때만 가능하다. 돈이나 은퇴 후의 생계를 준비하는 것이 마치 믿음이 없는 것처럼 여기지 말아야 하고, 오히려 현실의 필요가 중요하며 이를 사전에 준비함으로써 목회자 개인 및 가정과 교회 모두에게 필요하다는 일종의 '헤어질 결심'을 하도록 준비해야 한다.

나가며: 불완전한 현실, 공교회적 대안이 필요하다

한국교회가 처한 현실은 불완전하다. 교세와 교인 수가 줄어들고 있으며 장기화되고 있다. 이에 따른 재정의 감소와 긴축 재정도 불가피해 보인다. 이런 현상은 한국교회 전반에서 일어나고 있는 것이지만, 그 심각성은 작은 교회일수록 더 크다. 한국교회 절반가량이 미자립교회이고 다수의 교회가 교인 수 100명 미만의 소형교회이다. 이 작고 평범한 교회들이 처한 현실적인 어려움은 복합적이며, 적정한 목회자 은퇴 보수를 지급할 상황이 안된다. 이를 방치하면 문제가 생긴다. 목회자의 노후는 고통스러우며, 교회와의 갈등이 생길 수 있다. 나아가 목회직을 사고파는 형태로 이어지기도 한다. 이미 상황은 심각한 수준에 이르렀을지도 모르며, 초고령화 사회로 진입하면서 은퇴 목회자는 당분간 지속적으로 늘어날 것이다. 따라서 공교회성이 필요하다. 국가가 소상공인을 우대하고, 사회적 약자를 돌보듯이, 교회는 작고 평범한 교회를 도와야 한다. 그 도움에는 목회자 은퇴 준비를 할 수 있도록 포괄적인 지원이 필요하다. 재정, 주거, 의료, 심리적 서비스와 함께 목회자 은퇴 보수와 관련한 인식개선 교육이 함께 필요하다. 대형교회의 일탈과 일부 목회자들의 비윤리적 은퇴 보수에 대한 감시와 비판이 필요하다. 하지만 그것만으로는 충분하지 않다. 우리 눈에 보이지 않는 작고 평범한 교회들이 당면한 어려움을 적극적으로 해결하고자 노력해야 한다. 이미 찾아온 현실이다. 이제라도 이 주제에 대한 진지한 논의와 연구, 대응이 이뤄질 수 있기를 희망한다. 너무 늦지 않기를 바랄 뿐이다.

[참고자료]

고용노동부, 「고용형태별근로실태조사」

김상덕, "공교회를 찾아서: 빈(空) 교회가 아닌, 모두(共)의 교회
로", 복음과상황, 365호 (2021년 4월호)

오근혜 & 황인태, "목회자의 경제적 노후준비에 관한 실태 및 개
선방안에 관한 고찰", 「로고스 경영연구」 18
(2020), 1-22.

이원규, 『한국교회의 사회학』 (성남: 북코리아, 2018)

정재영, 『강요된 헌신』 (고양: 이레서원, 2019, "소형 교회 현실
의 의미와 전망", 21세기교회연구소·한국교회탐구센터,
『소형 교회 리포트』,(세미나 자료집, 2017.12.01.)

조성돈, "은퇴 위기, 유비무환이 답이다", 「목회와신학」 2017년
10월호

한국기독교목회자협의회, 『(1998-2018) 한국 기독교 분석 리포
트: 2018 한국인의 종교 생활과 의식
조사』 (서울: 도서출판 URD, 2018)

"교회 42%가 예산 3,500만원 미만의 '미자립'", 뉴스앤조이
(2018.9.13.)
https://www.newsnjoy.or.kr/news/articleView.html?idxno=2
19807 (접속 2022.10.5.)

"[욕속부달] 감리회 교세, 지난해만 6만 명 급감", 기독교타임즈 (2018.10.11.)
https://www.kmctimes.co.kr/news/articleView.html?idxno= 51368 (접속 2022.10.5.)

"주요교단서 미자립교회 실태 보고", 기독교신문 (2019.12.12.) http://gdknews.kr/m/page/view.php?no=6994(접속 2022.10.5.)

"[연중기획/한국교회 샛강을 살리자 시즌2] 1부 미래자립교회 실태와 상황 ①미래자립교회 현황 파악도 못했다", 기독신문 (2020.2.10.),https://www.kidok.com/news/articleView.html ?idxno=205342 (접속일 2022.10.4.)

"예장통합, 은퇴목회자 연금 지급률 15% 삭감 추진", 국민일보 (2022.8.4.)https://m.kmib.co.kr/view.asp?arcid=0924257838 (2022.10.20. 접속)

"은퇴목사 은급비 월 12만원 삭감… 젊은 목회자 국민연금 가입 의무화", 뉴스앤조이 (2021.10.27.)
https://www.newsnjoy.or.kr/news/articleView.html?idxno=3 03573 (2022.10.20. 접속)

"[특집] 은퇴 목회자 급증… '집 걱정'부터 덜어줘야", Daily Good News (2016.11.10.)
http://www.goodnews1.com/news/articleView.html?idxno=69553 (접속 2022.11.3.)

"새로운 개념 아파트 '위스테이', 왜 짓느냐고요?", 한겨레 (2020.7.20.)
https://www.hani.co.kr/arti/society/handicapped/954401.html (2022.11.06. 접속)

"목회자 최저생활보장, 공교회성 회복의 첫걸음", 아이굿뉴스 (2022.6.7.)
https://www.igoodnews.net/news/articleView.html?idxno=69920 (접속 2022.10.15.)

목회자 은퇴 경제적 준비

- 주거와 자금을 중심으로 -

기윤실 교회신뢰운동 본부장, 빛과소금교회 담임목사

들어가는 말

목회자의 은퇴에 대하여 많은 문제가 드러나고 있다. 가장 아름다워야 할 은퇴가 부끄러움의 실상이 되고 있다. 교회 역시, 온갖 고난을 통하여 세워졌는데 목회자의 은퇴로 인하여 심각한 상처를 입고 존립의 순간에 내몰리는 상황이 발생하고 있다. 그 이면에 교회 성장이 멈추고 마이너스 성장 시대에 이르렀다. 또한 사회 경제적으로 부동산 가격의 급등과 고물가 저출산, 취업의 어려움이 동반하고 있다. 자연스럽게 교회에 압력이 가해지고 있다.

90년대까지 일어났던 교회 성장이 2000년대부터 흔들리기 시작하더니 2023년 현재는 성장이 멈추고, 교회가 사회로부터 냉대받고 있다. 이러한 모습은 기윤실 교회의 사회적 신뢰도 조사에서 여실히 나타나고 있다. 조사에 의하면 한국교회는 2008년에서 2023년에 이르기까지 신뢰도가 17.6%~21% 사이에 머물러 있다.[1] 이제 한국교회는 외적 환경에 의하면 소망이 보이지 않는다. 여기에 코로나19 팬데믹으로 인하여 성도들의 이탈이 더 심각하게 이뤄졌다.

이러한 상황이 목회자의 은퇴 문제를 야기하고 있다. 90년대까지 전혀 문제가 되지 않았던 상황이 현실이 되었다. 앞으로 10년 동안 성장 시대의 목회자로 헌신하였던 이들이 대거 은퇴할 것이다. 여기에 선교사들의 은퇴도 동반된다. 준비되지 않으면 매우 심각한 혼란을 맞이할 수 있다.

1. 목회 현실

목회 현실을 살펴보는 것은 중요하다. 지난 10~15년 동안의 교단별 교인 통계를 보면 예장합동(2012년 대비)은 70만 명, 예장통합(2010년 대비)은 50만 명, 감리회(2009년 대비)는 38만 명, 예장고신(2006년 대비)은 11만 명, 기장(2007년 대비)은 13만 명, 기성(2011년 대비)은 20만 명이 줄어들었다. 총 202만 명이 감소하였다.[2] 그 가운데 합동의 감소는 가파르게 일어나고 있다.

---

1) 기독교윤리실천운동, 「2023년 한국교회의 사회적 신뢰도 여론조사 결과 발표」, 9

이러한 현실은 주일학교에서도 나타나고 있다. "예장합동총회 총회교육개발원이 2021년 11월과 12월 1,250여 개 교회를 대상으로 조사한 결과, 유초등부가 10명 이하인 교회는 53%, 중고등부가 10명 이하인 교회는 51%로 나타났다. 2014년 예장통합 총회 보고서에 따르면, 통합총회에 소속된 전체 교회 8천 380여 곳 가운데 영아부 주일학교가 없는 교회는 6천 580곳, 무려 79%가 되고, 중등부가 없는 교회는 47%, 고등부가 없는 교회는 48%로 파악되었다[3]."

여기에 교회 수의 감소는 더욱 뚜렷하다. 교회 수도 전년 대비 3.6% 줄어든 1만 1,262개로 집계되었다. 2021년에만 교회 424개가 문을 닫았다[4]. 1년에 400개가 넘는 교회가 사라지고 있다.

이러한 현상이 보여주듯이 신학대학원의 모습도 변하고 있다. 합동 측 총신대 신대원 2022년 입시 경쟁률은 1.13:1로 역대 최저를 기록했다.[5] 그런데 이번 2023년 총신대 신학대학원 정원이 미달 되었다[6]. 올해 다른 교단 신학교인 감신대 신학대학원(신학석사·목회학석사 통합)은 0.56:1, 서울신대 신학대학원은 0.82:1의 경쟁률을

---

2) http://www.newsnjoy.or.kr/news/articleView.html?idxno=301533.
   2023년 6월 28일
3) https://www.nocutnews.co.kr/news/5528007. 2023년 6월28일
4) http://www.newsnjoy.or.kr/news/articleView.html?idxno=301533,
   2023년 6월 28일
5) https://www.newsnjoy.or.kr/news/articleView.html?idxno=303948,
   2023년6월28일
6) http://www.kidok.com/news/articleView.html?idxno=217598,
   2023년6월 28일

기록했다.[7] 감신대 신대원은 2006년 1.34:1, 2007년 1.07:1, 2008년 1.22:1, 2009년 1.64:1, 2010년 1.74:1로 줄곧 1점대 경쟁률을 유지했다. 이후로는 아예 정원 부족 현상을 겪고 있다.[8] 이런 상황은 한국기독교장로회 소속 한신대학교 신학대학원도 마찬가지다. 최근 10년 동안 신입생 충원율 100%를 한 번도 달성하지 못했다.[9] 여기에 감리회는 2021년 입법의회에서 감신대·협성대·목원대 신대원을 통폐합하는 법안을 만들었다.[10] 신학대학원의 변화는 한국 교회의 미래를 정확하게 보여주고 있다.

이러한 현실에서 목회의 현장은 더욱 치열해질 수밖에 없다. 교회가 사라지고, 신학생도 사라진다. 그리고 베이비 붐 세대(1955-1963)와 그 끝자락의 목사들이 버틸 것이다. 그리고 앞으로 10년 뒤의 상황은 끔찍하다. 지금 서울을 제외하고 수도권에서는 교육 전도사를 구하기가 어렵다는 소리를 듣는다. 이 소리는 얼마 있지 않아 함성이 될 것이다. 대형교회 몇을 제외하고는 대부분 교회에서 교육 전도사, 전임 사역자를 구하는 것이 힘들어지고 있다. 지방은 더욱 끔찍한 상황을 맞이하게 될 것이다. 이러한 시대적 변화 속에 앞으로 10년 동안 목회자와 선교사의 은퇴는 절정을 달한

---

7) https://www.newsnjoy.or.kr/news/articleView.html?idxno=304991,2023년 6월 28일

8) https://www.newsnjoy.or.kr/news/articleView.html?idxno=303948, 2023.6.20

9) https://www.newsnjoy.or.kr/news/articleView.html?idxno=303948, 2023,6,20

10) https://www.newsnjoy.or.kr/news/articleView.html?idxno=303948, 2023,6,20

다. 목회자의 은퇴는 저물어 가는 교회에 또 다른 뇌관이 되고 있다. 이미 곳곳에서 목회자의 은퇴 문제로 인하여 다양한 소리가 들리고 있다.[11]

2. 은퇴에 대한 지침 준비

앞으로 현실은 지금보다 더 어려워질 것이다. 자칫 은퇴가 교회를 망치고 한국 교회 전체를 침체케 하는 일이 될 수 있다. 이 사실이 분명하게 보인다면, 유비무환이다.

한국교회는 전반적으로 은퇴에 대한 기본 지침이 미비하다. 목사가 은퇴에 집중하는 것이 부끄럽다고 여기는 의식이 크게 작동하고 있기 때문이다. 그러나 교회가 이 문제를 아무 어려움 없이 해결할 수 있다면 큰 문제가 되지 않겠지만, 상당수의 교회는 그렇지 못하다. 은퇴를 준비할 수 있는 교회는 20~30%에 불과하다. 70%의 교회는 무방비 상태로 은퇴를 맞이하게 될 수 있다. 교회를 다음 세대로 이어가게 할 수 있으려면 개척도 중요하지만, 은퇴가 더욱 중요한 시기가 왔다. 그렇다면 은퇴를 제대로 논의하고 준비해야 한다.

목회자의 은퇴 문제를 다룬다는 것이 반가운 일은 아니다. 은퇴 문제가 단지 영적인 것이라면 반가운 일이다. 하지만 은퇴 문제에 돈의 문제가 함께 있기에 행복하게 다룰 수가 없다. 목회자와 돈은

---

11) 이 문제는 조성돈 박사와 김상덕 박사의 글에서 자세하게 다루고 있으니 참고하시기 바랍니다.

가까운 사이가 아니라는 인식이 모두에게 있다. 더구나 목회자가 은퇴를 앞두고 돈 문제로 협상하는 것을 아름답게 보지 않는다. 하지만 준비 없이 은퇴하고 쓸쓸하게 살아가는 모습을 보면 그것 역시 아름답지 못하다.

목회자의 은퇴 문제는 단지 목사 개인의 문제가 아니라 교회 공동체의 문제와도 결합 되어있다. 그래서 지혜로운 준비가 필요하다. 하지만 현실적으로 이 문제를 공론화하고 준비하는 목회자들은 매우 적다. 특별히 여기에는 교회에 청빙 받은 목사와 개척한 목사의 차이가 존재한다. 청빙 받은 목사는 적어도 기본적인 준비가 되어있다. 하지만 문제가 없는 것은 아니다. 그래도 교회를 개척한 목사의 모습과는 차이가 난다. 개척교회는 교회가 자립할 때까지 목회자의 노후에 대하여 어떤 준비도 할 수 없다. 목사 부인들이 일자리를 가진다면 거기에서 나오는 연금 정도가 준비될 것이다. 교회가 성장하여 안정적인 자리에 이르기까지 균일화된 통계도 없다. 거기에 일부 교회의 성장이 과대포장이 되고 광고가 되므로 성장하지 못한 개척교회 목사들은 압박감과 큰 죄로 다가온다. 그런 상태에서 자신의 노후 문제를 논의하는 것은 불가능에 가깝다.

목회의 현장에서 일어나고 있는 생계 문제도 어려운데 은퇴를 준비하는 것은 구름 위를 걷는 일이다. 마음은 있지만 현실은 그리 쉽지 않다. 교회갱신협의회의 2017년 보고에 따르면 60%에 가까운 목회자들이 100만 원 이하의 사례를 받는 것으로 조사되었다.[12] 상

---

12) http://www.gdknews.kr/news/view.php?no=6994. 2023.6.21

황이 이러하기에 은퇴를 말하는 것이 이상처럼 들린다. 그러나 이러한 현실이 더욱 건강한 은퇴를 준비해야 하는 요인이다. 준비 없는 은퇴는 교회와 개인에게 큰 문제가 된다.[13) 은퇴는 정직하고 투명하게 준비해야 한다. 여기에는 노회와의 관계도 매우 필요하다. 건강한 은퇴 준비는 교회를 건강하게 이어가게 한다.

그러기에 기본적으로 은퇴에 대한 지침이 있어야 한다. 은퇴 지침은 교회를 건강하게 지키는 일이고, 목회자의 아름다운 퇴장을 준비하는 일이다. 이번의 글들은 그러한 지침의 기초라고 할 수 있다.

3. 은퇴 준비 시기

은퇴 준비에 대한 논의는 많지만 시기에 대한 논의가 없다. 은퇴 준비는 언제 해야 하는가? 지금 당장이다. 은퇴 준비는 조금이라도 빠를수록 좋다. 그래야 건강한 은퇴를 할 수 있다. 많은 목회자가 아름답게 목회를 시작하였다가 부끄럽게 끝나는 것을 본다. 준비되지 않으면 부끄러운 은퇴를 맞이하게 된다. 그러면 은퇴 후의 삶도 건강하지 못하다.

은퇴 준비 시기는 빠를수록 좋다. 이때 빠른 시기는 신학교를 졸업하고 교육 전도사로 사역하는 시점이다. 학생의 신분으로 사역하면서 은퇴를 준비한다는 것은 엉뚱하게 들리겠지만, 이때부터 은퇴 준비를 해야 한다. 이것은 앞선 세대가 남겨 주지 못한 실수이다.

---

13) 이 문제 역시 조성돈, 김상덕의 글을 참고 하시기 바랍니다.

교육 전도사로 사역의 첫발을 디딜 때 소명에 압도당하여 은퇴를 생각할 수 없다. 그러나 은퇴 준비 시기는 사역의 첫발을 내 딜때부터 시작해야 한다. 사역이 시작되는 순간 은퇴는 시작된다. 이때 전도사를 청빙하는 교회의 자세가 중요하다. 첫 번째 사역하는 교회가 은퇴 준비를 함께해주어야 한다. 여기서부터 준비할 때 목회자의 은퇴는 건강하게 이뤄질 수 있다.

4. 은퇴 준비 4요소

목회자의 은퇴를 강조하는 것은 일반적인 은퇴와 달리 사회적 안전망이 매우 부실하기 때문이다. 직업이 아닌 직분으로 살아왔기에 직업의 의미로서 은퇴를 생각하지 않았다 보니 사회적 안전망에 대하여 매우 부족한 모습을 가지고 있다. 목회자의 은퇴에 있어서 4가지가 준비되어야 한다.

1) 건강

은퇴 준비의 핵심은 건강이다. 여기에는 건강한 몸을 가진 은퇴와 질병 가운데 처하게 될 은퇴가 있다. 모두가 다 건강하게 은퇴하면 너무나 감사하다. 하지만 많은 경우 육체적 질병을 가지고 은퇴한다. 무엇보다 건강한 육체를 가진 은퇴가 필요하다. 이는 복음을 전하는 소명만큼 중요하다. 건강한 육체를 가지기 위해서는 육체적인 운동과 스트레스에서 벗어나는 훈련을 일상에서 잘 준비해야 한다. 이 부분은 상식적인 측면에서 언급한다.

문제는 질병이 있는 은퇴이다. 누구도 질병 가운데 은퇴하기를 원하지 않는다. 그러나 연약한 육신을 막을 방도가 없다. 그래서 질병 가운데 은퇴할 수 있으므로 준비가 필요하다. 건강보험이 잘 이뤄진 나라에 사는 것은 큰 복이라 할 수 있다. 하지만 치료를 감당할 수 있는 준비가 필요하다. 자신에게 맞는 보험을 준비하는 것이 필요하다. 보험은 모두에게 일률적이지 않지만, 특별히 가족력에 근거한 보험은 필히 준비하여야 한다.

2) 주거

목회자의 은퇴에 있어서 주거의 문제는 가장 큰 분란의 요소가 될 것이다. 부동산 가격의 폭등이 모든 문제의 원인이기도 하다. 이 문제는 대 사회적 문제이면서 목회자들에게 가장 무서운 뇌관이 될 것이다. 이미 청빙하는 교회조차도 사택을 준비하는 일에 어려움을 겪고 있다. 부목사들에게 사택을 제공하는 것이 자연스러운 시대에서 불편한 상황이 되었다.

그러기에 은퇴 시에 제공하는 주택의 문제는 목사와 교회 모두에게 큰 짐이 되고 있다. 사실 교회가 사택을 준비하고 은퇴하는 목사가 주님 부르실 때까지 살다가 다시 교회에 반납하는 것이 가장 좋은 일이지만 그리 간단한 문제는 아니다. 그러나 이러한 고민을 할 수 있는 것은 20%에 불과할 것이다. 나머지 80%의 목회자는 꿈도 꾸지 못한다. 본인이 해결해야 하는 상황이다. 살 집이 없이 은퇴하게 된다면 교회도 목회자도 슬플 수밖에 없다.

그러다 보니 개척하여 20~30년을 지낸 작은 교회가 마지막에 결정한 것은 목사의 전셋집 마련을 위하여 교회를 처분하고 목사가 은퇴하면 모두 흩어지자고 하였다는 소리를 들었다. 그러나 이러한 예는 오히려 건강하다고 할 수 있다. 목사가 은퇴하면서 노후에 대한 대책이 없기에 자기가 사역하였던 교회를 매매하는 경우도 발생하고 있다. 교회가 무엇인지 묻지 않을 수 없다. 그러다 보니 성도들이 더 이상 교회에 소망을 가지지 않고 있다. 그리고 이런 걱정 없는 대형교회로 이동한다. 문제는 샛강이 죽으면 큰 강이 죽듯이 작은 교회가 사라지면 큰 교회 역시 오래가지 못한다는 사실이다.

은퇴 준비를 위하여 가장 중요한 것은 주거할 수 있는 주택이다. 주택문제의 해결 없이 재정문제는 사실 의미가 없다. 그러다 보니 주택의 소유권 문제가 현실 목회에 있어서 종종 다툼의 원인이 되기도 한다. 그래서 무엇보다도 주택 문제의 해결이 가장 중요하다. 주택만 해결하여도 은퇴 문제는 많은 부분에서 해결할 수 있다.

3) 재정

은퇴에 있어서 주택 다음으로 중요한 것은 재정이다. 한국교회는 원로목사 제도[14])가 있어서 은퇴 후에 도움을 받을 수 있는 길이 있다. 그래서 원로목사 대우로 인하여 많은 교회가 아픔을 겪기도 한다. 한평생 사역하였던 목사가 은퇴 대우로 인하여 모든 영광을 다

---

14) 한 교회에서 위임목사로 20년을 사역하면 원로목사 자격이 주어진다. 원로목사는 교회가 결정하고 노회가 허락함으로 된다.

땅에 쏟아 버리는 경우들이 종종 일어난다. 그래서 자신이 사역하였던 교회에 가지도 못하는 참으로 서글픈 일이 일어나기도 한다. 이모든 것이 아름다운 은퇴를 준비하지 못했기 때문이다.

원로 목사가 그나마 노후를 준비하는 요소이지만 그러나 문제는 원로목사가 되는 비율이 미미하다는 사실이다. 더구나 이제는 원로목사가 되어도 충분한 대우를 받지 못하는 교회 상황이 오고 있다.

은퇴한 목사가 재정적인 준비가 없는 상황에 떨어지게 되면 많은 문제가 야기된다. 당연히 삶의 질이 떨어지는 것은 당연하다. 사회생활을 하지 않았기 때문에 사회 속에서 소통과 관계를 맺는 일에 큰 어려움을 겪게 된다. 그리고 사회에 덕이 되지 못한다. 목사의 비참함은 소명을 이해하지 못하는 세상의 놀잇감이 될 수 있다. 또한 편안한 신앙생활을 하는 데 장애물이 된다. 지금도 은퇴한 목회자들이 자신의 교회를 떠나서 지역 교회에 들어가서 신앙생활 하는 데 힘들어서 교회를 나가지 않고 있다는 소리가 여러 곳에서 들려오고 있다.

은퇴한 목회자의 재정 준비는 강력하게 강조하여도 부족함이 없다. 잘 준비하면 아름다운 은퇴가 되고 교회를 세우는 일에 마지막까지 쓰임 받게 된다.

4) 여가

목회자의 은퇴에 있어서 중요한 마지막 요소는 여가 준비다. 여기서 여가는 노는 것이 아니라 시간을 어떻게 보내는 것에 있다.

한평생 설교와 심방만 하였던 목사들이 은퇴 후에 삶의 공동화 현상이 오는 것을 본다.

은퇴 후의 삶이 건강하고 아름답기 위해서는 여가 준비를 잘해야 한다. 자기만의 시간을 즐길 수 있도록 개발하는 일이 중요하다. 자신이 가진 재능을 봉사할 수 있는 곳을 찾는 것은 정말 필요하다. 행동하지 않으면 노후의 삶의 질은 급격하게 무너지게 된다.

은퇴 후에 강원도에서 지내고 있는 한 목사는 편의점 알바를 하면서 행복한 노후를 보내고 있다. 자신의 생활 패턴과 맞고 젊은 사장이 매우 좋아한다고 자랑하는 것을 들었다. 이렇게 직업훈련과 같은 제2의 삶을 살 수 있는 준비가 되어야 은퇴 이후의 삶이 행복할 수 있다.

은퇴의 4요소는 필수적이다. 4요소 중 어느 것 하나 빠져서는 안 된다. 은퇴는 은퇴 시점에 다가와서 하는 것이 아니다. 은퇴는 목회의 시작부터 준비해야 한다. 목사는 설교할 준비와 떠날 준비, 죽을 준비가 되어야 한다고 항상 강조하였던 선배 세대들이 정작 은퇴에 대해서는 아무런 가르침도 주지 않았다. 떠날 준비는 교회 이동만이 아니라 은퇴가 핵심이다. 잘 준비된 은퇴가 교회를 건강하게 만들고 하나님을 영화롭게 한다.

5. 은퇴 준비의 구체적인 방법

1) 주거 준비

은퇴 준비에 있어서 우선적인 것은 주거 문제다. 그런데 가장 소홀하게 여기고 있다. 주거 문제는 부동산 문제이기에 자칫 부동산 투기와 혼동될 수 있다. 그러나 부동산의 존재 이유는 거주이다. 거주의 관점에서 준비가 필요하다. 주거의 준비에 있어서 기본적인 이해를 갖는 것이 필요하다. 주거 준비에 있어서 가장 기초적인 준비는 주택청약저축 가입이다.

(1) 주택청약 종합저축

주택 문제에 있어서 누구나 안정적인 거주를 소망한다. 자신의 집을 소유하는 것이 얼마나 기쁜 일인지 모른다. 그러나 목회자에게 자기 집을 소유하는 것은 일반적으로 불가능하다. 재산을 물려받거나, 교회가 여력이 되는 경우를 제외하고는 자기 집을 소유하기가 쉽지 않다. 목회의 과정은 사택 중심으로 이뤄진다. 그래서 목회하는 시간 동안은 사택을 제공받는 목사는 집 걱정 없이 산다. 하지만 이 역시 20~30% 정도다. 대부분은 자신이 살 집은 전세나 월세로 산다. 은퇴 시점이 와도 크게 변하지 않는다. 교회 성장이 퇴보하는 시기에는 자가주택을 소유하는 것은 쉽지 않다.

그러므로 주택을 준비해야 한다. 그 시작이 국가가 만들어 놓은 정책을 잘 이용하는 일이다. 국가는 집 없는 이들에게 집을 소유할 수 있는 기회를 주기 위하여 주택청약 종합저축 제도를 만들었다. 이 제도가 주택 소유를 담보하지 않지만, 비빌 언덕의 역할을 한다. 주택청약 종합저축은 청약저축, 청약예금, 청약부금이 합쳐진 청약 통장이다. 주택청약 종합저축은 주택 마련을 돕기 위해 시행되는 대한민국의 금융 상품이다. 2009년 5월 6일부터 가입이 시작되었으며, 보통 아파트를 청약할 때 사용한다.[15]

청약저축은 국민주택과 민간 분양 주택을 받을 수 있다. 이에 대하여 한국 부동산원 청약 home[16]과 LH청약센터를 통하여 정보를 확인할 수 있다. 또한 재정 운영에 관해서도 기금e든든[17]과 같은 정부가 보증하는 단체를 잘 이용하는 것이 중요하다. 은퇴 준비 지침이 촘촘할수록 좋다. 청약저축은 길수록 좋다. 최소 10년을 넣어야 한다. 그러면 최소한 준비를 할 수 있는 디딤돌이 생긴다.

(2) 주택

청약저축을 준비한다고 주택이 주어지는 것은 아니다. 그러나 비빌 언덕이 준비되어 있다면 한결 쉬운 길을 갈 수 있다.

주택에는 국민주택과 민간주택이 있다. 여기에는 분양도 있고, 임대도 있다. 청약저축이 잘 준비되어 있다면 어느 정도 주거 문제가 해결될 수 있다. 국민주택은 공급 주체에 있어 국가뿐 아니라 지자체, 지방공사, LH 혹은 주택도시기금을 지원받아 건설하여 공급하

---

15) https://namu.wiki/w/주택청약종합저축
16) https://www.applyhome.co.kr/co/coa/selectMainView.do
17) https://enhuf.molit.go.kr/

는 주택을 이야기한다. 규모에 있어 전용면적 85㎡(25.7평) 이하이며 이때 수도권 및 도시가 아닌 읍, 면은 100㎡(약 30평) 이하로 규정하고 있다.[18] 민간주택은 민간 건설사가 분양하는 주택을 의미한다. 평형에 있어서 제약이 없지만, 청약에 있어서 해당 지역에 거주하는 만 19세 이상을 대상으로 한다.

2) 은퇴 자금 기본 준비

주거의 문제가 준비되었다면 이제 은퇴 자금의 준비가 필요하다. 주거 준비 없이 은퇴 자금은 사실상 의미가 없다고 할 수 있다. 그만큼 주거 문제가 중요하다. 그리고 주거와 함께 은퇴 자금의 준비이다. 은퇴 자금은 은퇴 시에 준비할 때 문제가 생긴다. 이 부분은 뒤에서 자세하게 다루고자 한다. 은퇴 자금은 과하지도 않고 모자라지도 않게 준비해야 한다. 자칫 은퇴비로 인하여 그동안 다져온 영적인 신뢰가 다 무너질 수 있다.

은퇴 자금 준비는 기본적으로 세 가지로 준비되어야 한다. 국민연금, 퇴직연금, 개인연금이다. 엄청난 준비처럼 보이지만 모든 사람이 하고 있다. 하지만 목회자에게는 늘 고민이 되는 부분이기도 하다. 노후를 준비하는 것이 믿음과 충돌한다는 생각이 들기 때문이다. 그러나 이 부분은 주님의 교회를 더욱 건강하게 만들고 다음 세대로 잘 이어가게 하는 중요한 징검돌이다. 그러므로 무엇보다도 지혜가 필요하다.

---

18)https://www.lh.or.kr/contents/cont.do?sCode=user&mId=243&mPid=242

(1) 국민연금

국민연금을 넣는 것이 자연스럽게 들릴 수 있지만, 상당수의 목회자는 국민연금이 없다. 국민연금에 가입하지 않는 이유가 여럿 있지만, 그만큼 여력이 없었다는 의미이다. 성도는 직장에 들어가는 20대부터 국민연금이 자연스럽게 가입하게 되지만 목회자의 경우는 부목사가 되고 규모 있는 교회에서 사역하지 않는 한 국민연금 가입이 없다. 그만큼 국민연금 가입이 늦어진다. 그리고 은퇴 후에 있을 준비가 되지 못하는 상황이 된다.

국민연금이 은퇴 후 생활의 기초가 된다면 미리 준비해야 한다. 모든 교회는 전도사로 사역하는 신학생 시절부터 국민연금을 가입할 수 있게 해야 한다. 국민연금 가입은 단지 돈의 문제가 아니라 한국교회의 건강성에 큰 영향을 미치기 때문이다.

(2) 퇴직 연금

퇴직금은 법에 정한 규칙이다. 하지만 퇴직금으로 인하여 교회의 존립이 어려워진다면 어떻게 해야 할까? 실제로 이러한 사례들이 있다. 은퇴하는 목사의 퇴직금으로 인하여 교회가 큰 빚을 지게 되는 경유가 있다. 이렇게 되면 은퇴하는 목사나 교회나 모두 행복할 수 없다.

아름다운 은퇴를 위해서는 퇴직 연금을 처음부터 수령하여 넣는 것이 필요하다. 물론 국민연금과 함께 퇴직 연금을 준비할 수 있는 여력이 쉽지는 않다. 하지만 최소 담임목사가 되는 순간부터 퇴직 연금을 준비해야 한다. 여기에는 다양한 상품이 존재한다. 어느 것을 해도 되지만 지혜롭게 판단하고 장기적으로 생각해야 한다.

개혁파선교협의회라는 단체는 선교사들에게 연금펀드를 통하여 퇴직 연금을 적립하고 있다. 퇴직 연금은 사례비의 십일조를 적립하는 것이 가장 쉬운 방법이라 제안한다. 이러한 결단을 하려면 목회자의 자발적 불편이 선행되어야 한다. 일반적으로 퇴직금이 은퇴 당시의 사례비에서 한 달 치 곱하기 년수이기 때문이다. 그런데 처음부터 십일조에서 적립하면 숫자상 작아질 수 있다. 그래서 대부분 은퇴 시점에 사례비를 올리는 무리수를 두기도 한다. 그러나 처음부터 은퇴 연금을 적립하는 것이 교회를 위하여 그리고 아름다운 은퇴를 위하여 좋다.

각 교단에서 실시하는 은퇴 연금에 가입할 수 있다면 좋다. 하지만 대다수의 작은 교회들이 은퇴 연금에 가입하는 것이 힘들 수 있다. 이 부분은 교회가 속한 노회와 총회의 결단이 있으면 어느 정도 해결할 수 있다. 교단들이 어려운 교회를 돕고 있다. 이 도움을 좀 멀리 보고 지급하면 어떨까 생각한다. 은급비를 5-10년 동안 후원한다면 목회자도 교회도 그리고 교단도 모두 도움이 될 수 있다.

(3) 개인연금

개인연금은 강제할 수 있는 부분이 아니다. 그러나 가장 최소한의 모습으로 준비할 수 있어야 한다. 은퇴를 생각하면서 젊을 때부터 최소의 금액으로 준비하는 것이 필요하다. 아름다운 은퇴가 먼 훗날의 이야기가 아니다. 그러므로 젊은 시절부터 준비한다면 하나님을 영화롭게 하는 은퇴가 될 것이다.

6. 은퇴를 위한 상회의 준비

목회의 현장이 쉽지 않다. 성도들의 삶도 만만치 않다. 그러나 교회는 세워져야 한다. 이러한 현실 인식에 있어서 서로 짐을 지고 비빌 언덕을 만들어 준다면 큰 힘이 된다. 은퇴를 위한 준비를 알고 있어도 현실에 있어서 실천하기에 많은 장벽이 있다. 이 장벽을 허무는데 상회(노회, 지방회)가 존재한다.

교회가 개척하여 자립하기까지는 최소 10년이 걸린다. 오늘의 현실은 10년도 어렵게 보인다. 그러나 여전히 목회자는 배출되고, 청빙은 한정적이고 개척은 진행형이다. 상회는 목사 배출의 책임이 있다. 목사의 삶을 책임질 이유가 분명하다. 그러나 현실은 개교회주의가 득세하고, 상회도 여기에 동참하고 있다. 결국 젊은 목회자들은 무거운 짐을 져야 하고 연이어 은퇴로 인하여 교회의 분쟁이 나타나게 된다.

건강한 목회와 아름다운 은퇴를 위하여 상회가 해야 할 것을 제안하고자 한다. 국민연금, 건강보험, 청약저축 50대 50 제안이다. 이것은 50%는 개교회에서 50%는 상회에서 최소 5년 최대 10년을 섬기는 일이다. 일회성 후원과 도움이 아닌 긴 여정을 도와줌으로 개척 교회나 작은 교회들이 교회를 세워가는 일에 큰 힘이 될 것이다.

여기에 필요한 재정은 최소 20만 원에서 최대 40만 원이다. 상회와 교회와 개인이 잘 준비한다면 선한 결과를 맞이할 수 있다. 물론 여기에는 뜻하지 않는 상황이 나타날 수 있다. 그러나 구더기 무섭다고 장을 담그지 못할 이유는 없다. 5-10년 안에 자립한다면 중단할 수 있다. 그러면 도움을 받은 교회가 자립하면 기꺼이 다음 후배들을 위하여 나눔을 시행할 것이다.

이러한 제안은 우선적으로 개척교회와 작은 교회를 위한 것이지만, 자립한 교회도 이 원리에 따라 목사의 은퇴를 준비한다면 행복하게 목회하고 아름답게 은퇴할 수 있다.

나가기 - 준비된 은퇴가 아름답다

한 세대를 치열하게 살아왔던 우리 시대 목회자들이 가장 힘들어하는 것은 은퇴 후의 현실이다. 거주할 집조차 없이 너무 가난하여 하나님의 영광이 가리지 않을까? 교회가 자신의 은퇴를 위하여 어려워지지 않을까? 생각조차 하기 싫은 현실을 맞이하는 것은 아닌지 고뇌하고 있다.

현재 은퇴가 가능한 한국 교회는 20~30% 밖에 안된다. 나머지 70~80%는 어려운 현실에 처하고 있다. 이 폭은 점점 커질 것 같다. 이때 건강한 목회와 아름다운 은퇴를 위하여 개인과 교회 그리고 상회가 합력하여 준비해야 한다.

5년 동안 지원하고 그 가운데 안정되면 멈춘다. 그러나 여전히 어려우면 5년을 더 지원한다. 특별히 건강보험과 국민연금은 교육전도사 시절부터 지원한다면 든든한 비빌 언덕이 된다. 이것이 현실적으로 최소 20~40만 원이면 어느 정도 가능하다.

목회의 시작도 중요하지만, 마지막이 더 중요하다. 마지막이 잘못되면 모든 것이 물거품이 된다. 아름답게 시작하였다가 추하게 끝나는 목회자들의 소리를 듣는다. 이해할 수 있는 영역도 있지만, 인정할 수 없음이 많다. 더 이상 늦기 전에 은퇴를 준비해야 한다. 늦었다고 생각할 것이 아니라 준비해야 한다.

준비된 은퇴가 아름답다. 아름다운 은퇴를 하려면 준비해야 한다. 앞에서 최소한의 준비를 제안하였다. 이로 인해 하나님의 이름이 비난받지 않고, 목회의 마지막이 부끄럽지 않은 아름다운 은퇴가 되기를 기대한다.

저자 소개

곽은진
기윤실 청년상담센터 WITH 공동소장, 아신대학교 상담학 교수

김상덕
기윤실 상임집행위원, 연세대 강사

신동식
기윤실 교회신뢰운동 본부장, 빛과소금교회 담임목사

장희종
전 명덕교회 담임목사

정병오
기윤실 공동대표, 서울시교육청 오디세이학교 교사

조성돈
기윤실 공동대표, 실천신학대학원대학교 교수

최현범
전 부산중앙교회 담임목사, 총신대학교 신학과 초빙교수

기독교윤리실천운동과 함께 하기

기윤실소식

좋은나무 웹진

뉴스레터
구독

이메일

카카오톡

페이스북 www.facebook.com/giyunsil

유튜브 www.youtube.com/giyunsil

인스타그램 www.instagram.com/giyunsil

SNS 친구

후원회원
가입

후원계좌 (예금주: 기독교윤리실천운동)

국민은행 037-01-0504-979
하나은행 109-228746-00104

QR코드로
가입신청서 작성

(사) 기독교윤리실천운동